个税新法新政

全知全解

程 平/主编 任 宇/审定

中国言实出版社

图书在版编目（CIP）数据

个税新法新政全知全解 / 程平主编 . -- 北京：中国言实
出版社，2019.1

ISBN 978-7-5171-3053-6

Ⅰ . ① 个… Ⅱ . ① 程… Ⅲ . ① 个人所得税－税法－
中国 Ⅳ . ① D922.222

中国版本图书馆 CIP 数据核字（2019）第 010389 号

责任编辑：薛　磊
责任校对：任九光
出版统筹：刘　力
责任印制：佟贵兆
策　　划：小亿传媒

出版发行　中国言实出版社
　　　　　地　址：北京市朝阳区北苑路 180 号加利大厦 5 号楼 105 室
　　　　　邮　编：100101
　　　　　编辑部：北京市海淀区北太庄路甲 1 号
　　　　　邮　编：100088
　　　　　电　话：64924853（总编室）　64924716（发行部）
　　　　　网　址：www.zgyscbs.cn
　　　　　E-mail：zgyscbs@263.net
经　销　新华书店
印　刷　凯德印刷（天津）有限公司
版　次　2019 年 1 月第 1 版　　2019 年 1 月第 1 次印刷
规　格　787 毫米 ×1092 毫米　1/16　14 印张
字　数　200 千字
定　价　68.00 元　ISBN 978-7-5171-3053-6

前言

　　本次个人所得税改革将个人主要劳动性所得项目纳入综合征税范围按年计征，提高基本减除费用标准，新设专项附加扣除项目，优化税率结构，并建立与新税制相适应的征管制度，实现了从分类税制到综合与分类相结合的个人所得税制的转变，是个人所得税制度的一次根本性变革，符合国际税制改革的总体方向。对广大纳税人尤其是中低收入者而言，减税幅度之大为史上之最，充分体现了"利于民生"的改革宗旨。

　　在过去一年多时间内，个人所得税改革的各种影响辐射到全税务系统，辐射到全财税领域，辐射到全社会每个纳税人。

　　编者有幸亲眼看到个人所得税改革小组的众多成员坚持战斗的详细过程，他们不分昼夜、没有假日，克服病痛折磨和家庭困难，调和各方诉求，顶住各种压力和流言蜚语……对他们最准确的评价应该就是马克思这段毕业论文："如果我们选择了最能为人类而工作的职业，那么，重担就不能把我们压倒，因为这是为大家做出的牺牲；那时我们所享受的就不是可怜的、有限的、自私的乐趣，我们的幸福将属于千百万人，我们的事业将悄然无声地存在下去，但是它会永远发挥作用……"

编者也有幸见到众多基层税务干部职工尽忠职守、勇于担当，勤学业务，对每一个关键时点都做好充分准备。尤其是在国地税机构合并的背景下，在法律法规密集出台的情况下，众多税务干部职工在面临新岗位、新职能、新业务的各种挑战的同时，仍然确保了广大纳税人能够第一时间享受到个人所得税的改革红利，殊为不易。

编者也有幸见到众多扣缴单位办税人员兢兢业业、认真学习，充分发挥税务机关与企业以及员工之间的联系纽带作用，向员工普及新税法知识，收集整理专项附加扣除材料，克服工作量增加、操作难度增大、矛盾处理增多等诸多现实困难，推动了新税制第一步和第二步的顺利落地。

编者更有幸见到广大纳税人给予了基层税务机关最大程度的包容和支持。个人所得税改革直接涉及到数亿人的切身利益，需要考虑收入分配调节和组织财政收入的职能，难以熨平每个人的利益诉求，更何况新的政策培训、新的操作软件不断更新，政策的法言法语难以直白理解。但广大纳税人普遍没有传播负能量，积极主动了解政策，给各级税务机关以充分的理解和包容，为税改红包落地营造了和谐的社会环境。

作为向未来更加合理的家庭课税制迈出的第一步，本次改革涉及到很多新法新政，为了让所有关心个人所得税的人都能够在更早的时间、以更高的效率、用更舒适的方式了解到这些新政策，我们第一时间为大家奉献出这样一部心血之作，对新法、新条例、过渡期政策、专项附加扣除办法、扣缴申报办法进行了全面的政策及实务解析。

本书分为四个部分。第一部分,逐条实务解析个人所得税法及其实施条例,将税法和实施条例中的对应法条进行一一对应解读。第二部分,全面讲解新旧法过渡期政策,包括2018年第四季度的过渡政策,以及2019年1月1日全面实施后的衔接政策。第三部分,全面讲解子女教育、继续教育、大病医疗、住房贷款利息或住房租金、赡养老人这6项专项附加扣除的政策以及操作办法。第四部分,以多个实例讲解如何代扣代缴个人所得税。

本书由程平主笔,陈玉琢负责全面编审,任宇最终审定,高行锋、洪旭、张倩、朱曼共同参与编写工作。依据的所有法律法规规章截至2019年1月1日。

为了保证权威性、准确性,同时又保持编者一贯坚持的可读性,本书汇聚了编写组大量的心血。为了准确,我们组成了强大的团队,第一时间整理最新文件并进行比对,对书稿多次审校;为了可读,我们又不得不在一些精准表述与口语表述之间做一些艰难取舍,并且耗费大量精力设计了56张一目了然的流程图、整理收录了16张表格。个中诚意,相信您能在阅读中体会一二。

尽管编写组已经尽可能地确保权威,但由于个人所得税实务情况较为复杂,新的答复口径也层出不穷,本书主要用于对新法新政的学习与理解,不能代替主管税务机关的解释答复,特此说明。

同时,从新法新政全部发布到书稿付印间隔的时间毕竟太短,其中必然有遗漏或不如意之处,不求谅解,只恳请批评指正。

程 平

2019年1月1日于苏州工业园区

目录

第二部分

过渡期政策实务解析

第一部分

新法和新条例实务解析

第一章 总 述

根据 2018 年 8 月 31 日第十三届全国人民代表大会常务委员会第五次会议《关于修改〈中华人民共和国个人所得税法〉的决定》，新版的《中华人民共和国个人所得税法》（本书统一简称为"新法"，2011 版的统一称为"旧法"）自 2019 年 1 月 1 日起正式实施。

根据 2018 年 12 月 18 日中华人民共和国国务院令第 707 号，新版的《中华人民共和国个人所得税法实施条例》（本书统一简称为"新条例"，2011 版的统一称为"旧条例"）自 2019 年 1 月 1 日起同步正式实施。

新法共 22 条，与旧法相比，总数增加了 7 条；新条例共 36 条，与旧条例相比，总数减少了 12 条。

新法与新条例的对应关系见下表所示：

题 旨	新法	新条例
纳税义务和纳税年度	第1条	第2—5条
税 目	第2条	第6—8条
税 率	第3条	无
免税项目	第4条	第9—12条
减征项目	第5条	无
应纳税所得额	第6条	第13—19条
境外税额抵免	第7条	第20—22条
特别纳税调整	第8条	第23条
纳税人与扣缴义务人	第9条	第24条
自行纳税申报	第10条	第25—27条

扫码后输入"表1"，可获取本表。

续表

题　旨	新法	新条例
综合所得的扣缴申报	第11条	第28—30条
分类所得的纳税申报	第12条	无
五种自行申报时间	第13条	无
税款入库与退库	第14条	第31条
涉税信息集成	第15条	无
币种	第16条	第32条
手续费	第17条	第33条
储蓄存款利息	第18条	无
法律责任	第19条	无
征收管理	第20条	第34、35条
实施条例	第21条	第1条
施行日期	第22条	第36条

第二章　新法及新条例逐条解析

第一节　纳税义务和纳税年度

新法

第一条　在中国境内有住所，或者无住所而一个纳税年度内在中国境内居住累计满一百八十三天的个人，为居民个人。居民个人从中国境内和境外取得的所得，依照本法规定缴纳个人所得税。

在中国境内无住所又不居住，或者无住所而一个纳税年度内在中国境内居住累计不满一百八十三天的个人，为非居民个人。非居民个人从中国境内取得的所得，依照本法规定缴纳个人所得税。

纳税年度，自公历一月一日起至十二月三十一日止。

📋 新条例

第二条　个人所得税法所称在中国境内有住所，是指因户籍、家庭、经济利益关系而在中国境内习惯性居住；所称从中国境内和境外取得的所得，分别是指来源于中国境内的所得和来源于中国境外的所得。

第三条　除国务院财政、税务主管部门另有规定外，下列所得，不论支付地点是否在中国境内，均为来源于中国境内的所得：

（一）因任职、受雇、履约等在中国境内提供劳务取得的所得；

（二）将财产出租给承租人在中国境内使用而取得的所得；

（三）许可各种特许权在中国境内使用而取得的所得；

（四）转让中国境内的不动产等财产或者在中国境内转让其他财产取得的所得；

（五）从中国境内企业、事业单位、其他组织以及居民个人取得的利息、股息、红利所得。

第四条　在中国境内无住所的个人，在中国境内居住累计满183天的年度连续不满六年的，经向主管税务机关备案，其来源于中国境外且由境外单位或者个人支付的所得，免予缴纳个人所得税；在中国境内居住累计满183天的任一年度中有一次离境超过30天的，其在中国境内居住累计满183天的年度的连续年限重新起算。

第五条　在中国境内无住所的个人，在一个纳税年度内在中国境内居住累计不超过90天的，其来源于中国境内的所得，由境外雇主支付并且不由该雇主在中国境内的机构、场所负担的部分，免予缴纳个人所得税。

⚙ 实务解析

新法第一条规定了个人所得税法的适用范围，包括两个部分：居民个人从中国境内和境外取得的所得，非居民个人从中国境内取得的所得。以此为根本，规定了什么是居民个人，什么是非居民个人，如何判定境内、境外所得，并且在实施条例的第四条和第五条对境内无住所的居民与非居民分别规定了两种纳税义务上的优惠，从而构筑起一个比较完整的纳税义务体系。

此外，对于纳税年度进行了明确。

一、税收居民个人的定义

新法首次界定了税收居民个人的概念，这是一大突破。其对于实务操作的重要意义有两个：一是明确了纳税义务主体，在判断自然人纳税人的纳税义务时有了清晰而明确的法律支持；二是与国际接轨，在国际涉税信息交换（比如 CRS）以及避免双重征税等实务领域涉及到税收居民身份判定时会更加简单易行。

具体说来，新法与新条例规定的税收居民个人如下图所示：

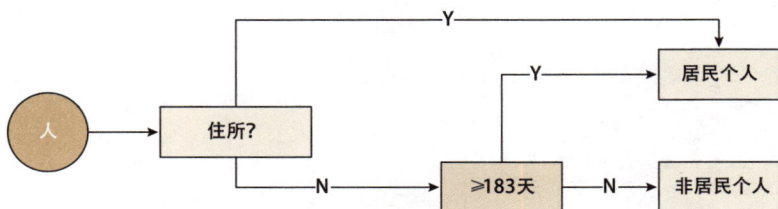

扫码后输入"图1"，可获取本图。

这其中有两个关键因素：住所和居住时间。

1. 什么是"住所"

新条例和旧条例的表述都是"因户籍、家庭、经济利益关系而在中国境内习惯性居住"，这一解释看似明确，对于实务操作而言还是有些模糊，在实务中有一个规章可以参考，《〈中华人民共和国政府和新加坡共和国政府关于对所得避免双重征税和防止偷漏税的协定〉及议定书条文解释》（国税发〔2010〕75号）第四条的解释是：

根据《中华人民共和国个人所得税法》及其实施条例的相关规定，我国的个人居民包括：（1）在中国境内有住所的中国公民和外国侨民。但不包括虽具有中国国籍，却并未在中国大陆定居，而是侨居海外的华侨和居住在香港、澳门、台湾的同胞。（2）在中国境内居住，且在一个纳税年度内，一次离境不超过30日，或多次离境累计不超过90日的外国人、海外侨民和香港、澳门、台湾同胞。

这个规定对绝大多数纳税人来说都有拨云见日的感觉，也是最贴近实务的判断标准。之所以清楚，是因为在实务中，居住地、国籍（或者户籍）最为直接，而这个规定就把"住所"的判定和这些直接的信息紧密联系起来，具有很强的可操作性。

值得注意的是，文件中的"一次离境不超过30日，或多次离境累计不超过90日"是旧条例中"临时离境"的概念，在新条例下，这个概念已经被取消。

将这个文件的核心意思，结合183天的规定，再根据是否拥有中国国籍，我们做了以下两张判断流程图，就可以看得比较清楚：

中国国籍：

扫码后输入"图2"，可获取本图。

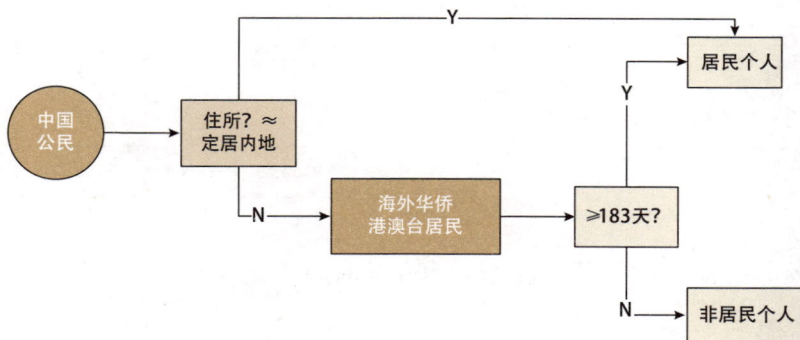

外国国籍：

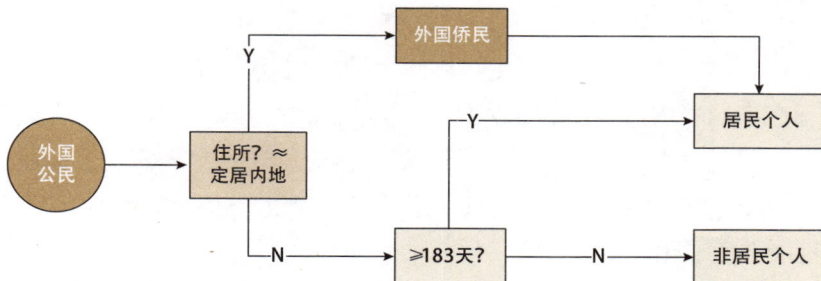

扫码后输入"图3"，可获取本图。

其中，对于"华侨"的定义，《国家税务总局关于明确个人所得税若干政策执行问题的通知》（国税发〔2009〕121号）进行了明确：

根据《国务院侨务办公室关于印发〈关于界定华侨外籍华人归侨侨眷身份的规定〉的通知》（国侨发〔2009〕5号）的规定，华侨是指定居在国外的中国公民。具体界定如下：

1. "定居"是指中国公民已取得住在国长期或者永久居留权，并已在住在国连续居留两年，两年内累计居留不少于18个月。

2. 中国公民虽未取得住在国长期或者永久居留权，但已取得住在国连续5年以上（含5年）合法居留资格，5年内在住在国累计居留不少于30个月，视为华侨。

3. 中国公民出国留学（包括公派和自费）在外学习期间，或因公务出国（包括外派劳务人员）在外工作期间，均不视为华侨。

如下图所示：

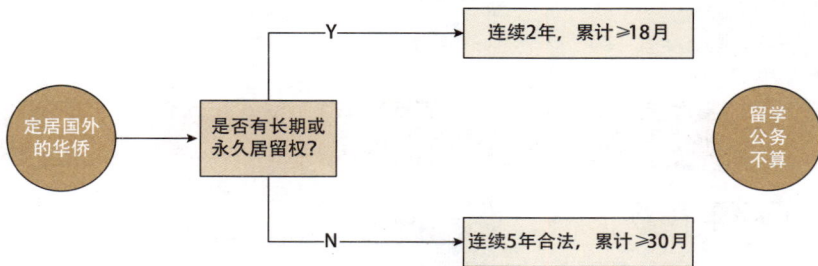

扫码后输入"图4"，可获取本图。

综合以上规定可以看出，我国税法的"住所"指的显然不是"房屋"或"住房"，其核心含义比较类似于"定居"的概念，在实务判断中结合"定居"

去理解会比较好操作。

2. 什么是"居住时间"

实施条例中并没有进一步阐明，现行规定中有一个文件《国家税务总局关于在中国境内无住所的个人执行税收协定和个人所得税法若干问题的通知》（国税发〔2004〕97号）进行了具体的阐述：个人入境、离境、往返或多次往返境内外的当日，均按一天计算其在华实际逗留天数。改革后，规则可能有所变化，请留意。

3. "居住时间"标准的改变

从满一年改为满183天，这一修改参照了国际惯例和税收协定的实务操作。同时，以前的"临时离境"的概念也再无存在必要。现在的"满183天"就是在境内累计停留满183天的意思。

二、纳税义务体系

对于纳税义务的界定，在新法实施前，通过旧法及旧条例，以及一系列的财税文件，已经形成了一整套比较复杂的体系，由于是旧法体系，在此不再赘述。新法及新条例将其进行了重新梳理，形成了三层纳税义务体系：1.居民与非居民纳税义务的原则规定；2.无住所居民纳税义务的特别规定；3.非居民个人工资薪金所得纳税义务的特别规定。整体框架如下图所示：

扫码后输入"图5"，可获取本图。

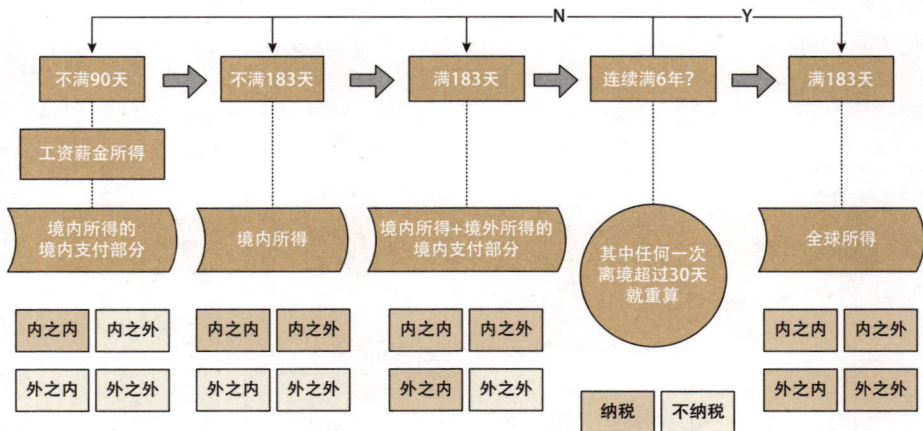

（注：内之内是指境内所得的境内支付部分，以此类推）

三层解析如下：

1. 居民个人与非居民个人纳税义务的原则规定

其划分比较简单：居民个人对其全球所得具有纳税义务，非居民个人仅就境内所得具有纳税义务。

2. 无住所居民个人纳税义务的特别规定

无住所居民个人，原则上应该就全球所得纳税，但新条例为了保持政策稳定性，加大了旧法体系下的优惠政策，规定了三个条件，具体是：

（1）在境内居住累计满183天的年度达到连续6年；

（2）上述6年中，任何一年都没有发生单次离境超过30天的情形；

（3）这6年后，某一年（如A年）又在境内居住累计满183天。

同时达到上述三个条件的，才会在A年就其当年的全球所得在中国纳税。

如果只满足条件（3），条件（1）和（2）有任何一个不满足，则该纳税人虽然也构成了税收居民（因为居住已满183天），但是其境外所得部分，经备案，可只就由境内单位或个人支付的部分缴纳个人所得税。详见下图：

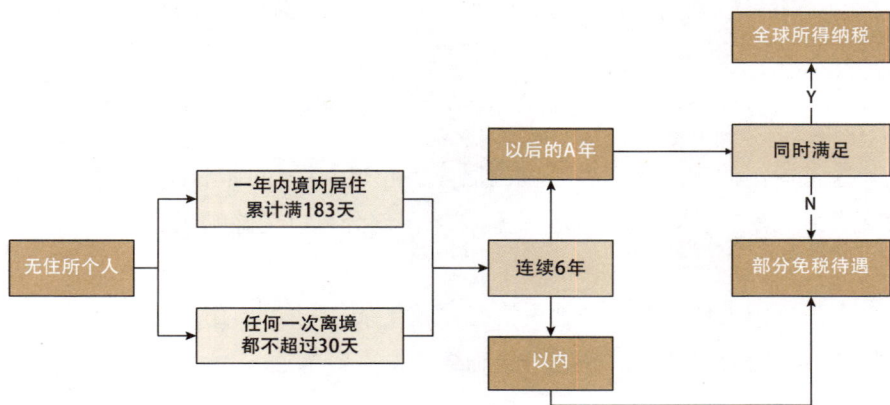

扫码后输入"图6"，可获取本图。

3. 非居民个人工资薪金所得纳税义务的特别规定

无住所个人，在境内居住不超过90天，自然是非居民个人，按照上述原则规定，应该就其境内所得部分缴纳个人所得税，无论这部分所得是由谁支付或谁负担。但新条例增加了一项特别规定，对于这部分非居民个人的境内所得，由境外雇主支付并且承担的部分，免于交税。

有两个实务要点需要特别注意：

（1）这一条规定仅限于工资薪金所得，不能扩展到其他税目。虽然新条例没有明确指出仅限于工资薪金所得，但是由于免税的部分仅限于"雇主"支付并承担，"雇主"源于"受雇"，新条例的第六条第一项：工资、薪金所得，是指个人因任职或者受雇取得的……以及与任职或者受雇有关的其他所得；即是说，雇主支付的是与受雇有关的所得，而这部分所得已经被界定为"工资薪金所得"，因此本条特殊规定仅限于工资薪金所得。

（2）注意区分"支付"和"承担"的概念。支付指的是付款动作，承担是指实际的成本承担。对于无住所个人，其可能存在境外雇主派遣到境内机构场所工作的情形，即存在两个支付主体，这两个支付主体又是两个承担主体，其收入构成因此就可能会存在四个部分，见下表：

扫码后输入"表2"，可获取本表。

境内所得部分		实际承担方	
		境外雇主的境内机构场所	境外雇主
支付方	境外雇主的境内机构场所	1	2
	境外雇主	3	4

这条规定的实际含义就是境内居住不超过 90 天的非居民，其境内所得只就第 1、第 2、第 3 这三部分交税，第 4 部分可以免除纳税义务。

4. 特别提醒

由于境内无住所个人的纳税情况比较复杂，具体的纳税义务、所得划分、税款计算一定会有新的文件进行明确细化，需要留意。

三、境内、境外所得的界定

新条例对于境内、境外所得的界定进行了完善，新旧条例对比如下图：

因任职任职、受雇、履约等而在中国境内提供劳务	→	不变	→	工资薪金、劳务报酬
财产出租给承租人在中国境内使用	→	不变	→	财产租赁所得
特许权在中国境内使用	→	不变	→	特许权使用费所得
转让中国境内的建筑物、土地使用权或者在中国境内转让其他财产	→	建筑物、土地使用权改为不动产	→	财产转让所得
从中国境内的公司、企业以及其他经济组织或者个人取得的利息、股息、红利所得	→	调整增加了事业单位；将个人改为居民个人	→	利息股息红利所得

扫码后输入"图7"，可获取本图。

1. 特点

一是表述更加严谨规范、更符合国际惯例，比如"建筑物、土地使用权"改为"不动产"，"个人"改为"居民个人"。

二是增加了例外规定，鉴于境内外所得的划分在实务中比较复杂，授予国务院财税部门另行规定的权力。

2. 判断原则分类

"境内所得"的判断原则，肯定与"境内"这个空间概念直接相关，但即使是空间概念，由于主体不同，新条例对于境内所得的判断实际上是分为三类的：

第一类是因为人或行为在境内而取得收入，包括：

（1）因任职、受雇、履约等而在中国境内提供劳务取得的所得；——这里需要注意的是，纳税人必须在境内，因此因受雇出差到国外或者在国外提供远程劳务的报酬，包括工资薪金和劳务报酬，都不属于境内所得。这个在实务中容易引起争议，但这个规定在跨境税源切分上比较清晰，符合国际惯例。

（2）在中国境内转让动产以及其他财产取得的所得。

第二类是收益对象在境内，包括：

（1）出租的财产在中国境内使用；

（2）许可的特许权在中国境内使用；

（3）转让对象（不动产等财产）在中国境内。

第三类是境内企事业单位或居民个人（以下简称"境内主体"）支付或者承担，即从境内主体这里取得的利息、股息、红利所得。

四、纳税年度界定

纳税年度，自公历一月一日起至十二月三十一日止，与大部分国家的纳税年度一样。新法中列明是为了让立法条文更加严谨，无需赘言。

第二节 税 目

新法

第二条 下列各项个人所得，应当缴纳个人所得税：

（一）工资、薪金所得；

（二）劳务报酬所得；

（三）稿酬所得；

（四）特许权使用费所得；

（五）经营所得；

（六）利息、股息、红利所得；

（七）财产租赁所得；

（八）财产转让所得；

（九）偶然所得。

居民个人取得前款第一项至第四项所得（以下称综合所得），按纳税年度合并计算个人所得税；非居民个人取得前款第一项至第四项所得，按月或者按次分项计算个人所得税。纳税人取得前款第五项至第九项所得，依照本法规定分别计算个人所得税。

新条例

第六条　个人所得税法规定的各项个人所得的范围：

（一）工资、薪金所得，是指个人因任职或者受雇取得的工资、薪金、奖金、年终加薪、劳动分红、津贴、补贴以及与任职或者受雇有关的其他所得。

（二）劳务报酬所得，是指个人从事劳务取得的所得，包括从事设计、装潢、安装、制图、化验、测试、医疗、法律、会计、咨询、讲学、翻译、审稿、书画、雕刻、影视、录音、录像、演出、表演、广告、展览、技术服务、介绍服务、经纪服务、代办服务以及其他劳务取得的所得。

（三）稿酬所得，是指个人因其作品以图书、报刊等形式出版、发表而取得的所得。

（四）特许权使用费所得，是指个人提供专利权、商标权、著作权、非专利技术以及其他特许权的使用权取得的所得；提供著作权的使用权取得的所得，不包括稿酬所得。

（五）经营所得，是指：

1.个体工商户从事生产、经营活动取得的所得，个人独资企业投资人、合伙企业的个人合伙人来源于境内注册的个人独资企业、合伙企业生产、经营的所得；

2.个人依法从事办学、医疗、咨询以及其他有偿服务活动取得的所得；

3.个人对企业、事业单位承包经营、承租经营以及转包、转租取得的所得；

4.个人从事其他生产、经营活动取得的所得。

（六）利息、股息、红利所得，是指个人拥有债权、股权等而取得的利息、股息、红利所得。

（七）财产租赁所得，是指个人出租不动产、机器设备、车船以及其他财产取得的所得。

（八）财产转让所得，是指个人转让有价证券、股权、合伙企业中的财产份额、不动产、机器设备、车船以及其他财产取得的所得。

（九）偶然所得，是指个人得奖、中奖、中彩以及其他偶然性质的所得。

个人取得的所得，难以界定应纳税所得项目的，由国务院税务主管部门确定。

第七条 对股票转让所得征收个人所得税的办法，由国务院另行规定，并报全国人民代表大会常务委员会备案。

第八条 个人所得的形式，包括现金、实物、有价证券和其他形式的经济利益；所得为实物的，应当按照取得的凭证上所注明的价格计算应纳税所得额，无凭证的实物或者凭证上所注明的价格明显偏低的，参照市场价格核定应纳税所得额；所得为有价证券的，根据票面价格和市场价格核定应纳税所得额；所得为其他形式的经济利益的，参照市场价格核定应纳税所得额。

⚙ 实务解析

一、税目变化点

如下图所示：

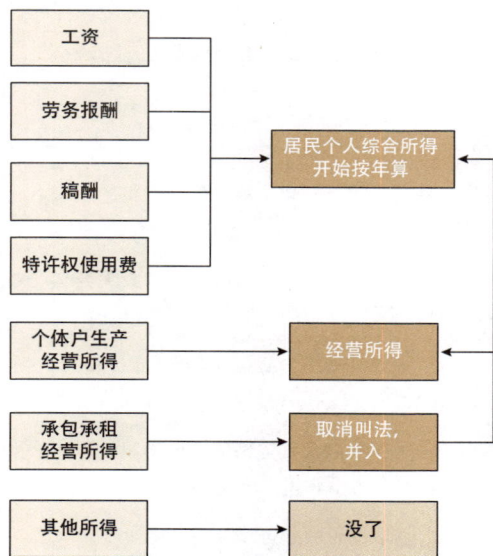

扫码后输入"图8"，可获取本图。

值得注意的是两点：

1. 对企事业单位的承包经营、承租经营所得

根据《国家税务总局关于个人对企事业单位实行承包经营、承租经营

取得所得征税问题的通知》（国税发〔1994〕179号），承包承租经营收入可能会对应两个税目：工资薪金所得，对企事业单位的承包经营、承租经营所得。而后者与经营所得的计算方式以及税率都是一致的。因此，在这项税目被取消后，其所得也会并入综合所得以及经营所得这两个税目中去。

2. 其他所得

现行规定中，"其他所得"有10个，如下表：

扫码后输入
"表3"，可
获取本表。

序号	所得项目	文件号
1	银行部门以超过国家规定利率和保值贴补率支付给储户的揽储奖金	财税字〔1995〕64号
2	保险公司按投保金额，以银行同期储蓄存款利率支付给在保期内未出险的人寿保险户的利息（或以其他名义支付的类似收入）	国税函〔1998〕546号
3	个人因任职单位缴纳有关保险费用而取得的无赔款优待收入	国税发〔1999〕58号
4	股民个人从证券公司取得的特定类回扣收入或交易手续费返还收入	国税函〔1999〕627号
5	个人为单位或他人提供担保获得报酬	财税〔2005〕94号
6	购房个人因解除商品房买卖合同从房地产公司取得的违约金收入	国税函〔2006〕865号
7	除特别规定情形以外，房屋产权所有人将房屋产权无偿赠与他人的，受赠人因无偿受赠房屋取得的受赠所得	财税〔2009〕78号
8	企业在业务宣传、广告等活动中，随机向本单位以外的个人赠送礼品，对个人取得的礼品所得	财税〔2011〕50号
9	企业在年会、座谈会、庆典以及其他活动中向本单位以外的个人赠送礼品，对个人取得的礼品所得	财税〔2011〕50号
10	个人达到规定条件时领取的税收递延型商业养老金收入	财税〔2018〕22号

还有一种是中国科学院院士荣誉奖金，依据是国税函发〔1995〕351号文，因为是个案批复，不在公开有效目录中，未列其内。

这些旧法下的"其他所得"被取消后，各自是否需要纳税？如果纳税按哪种税目？这些会有专门的过渡文件进行明确。截至本书定稿之日，该文件未出台，在此不进行阐述。

二、税目的整体划分

新法下的税制被称为"综合与分类相结合的税制"，综合所得与分类所得的划分如下图所示：

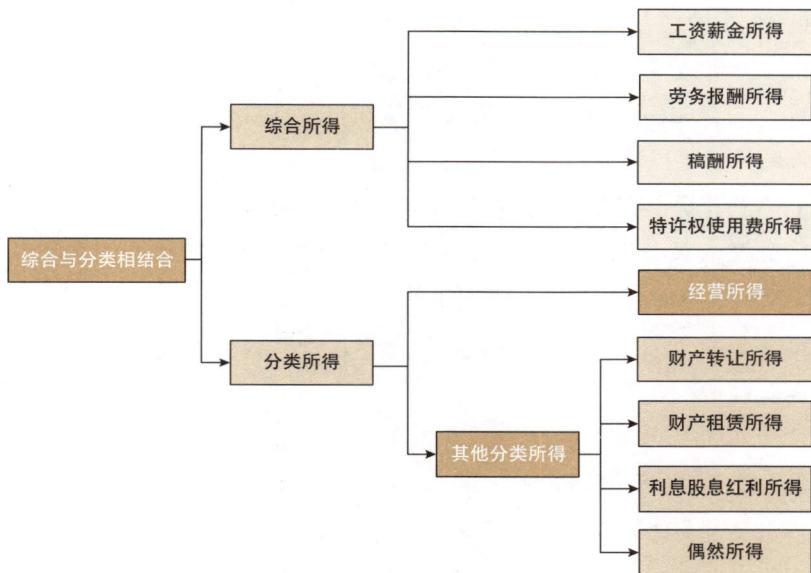

扫码后输入
"图9"，可
获取本图。

值得注意的有两点：一是综合所得仅针对居民个人，本书为表述方便，将前四项所得统称为综合所得，不再区分是否居民个人；二是经营所得属于分类所得。

三、工资薪金所得的特点

从工资薪金所得的定义可以看出，其本质就是雇主给雇员的报酬。需要特别注意的是，在实务中，工资薪金所得的判定遵循反列举原则，单位给个人的所得，如果是个人获得了实际利益，没有减免税规定的，就要纳税，因为员工从雇主那里取得的全部所得基本上都与"受雇"有关。在此基础上，如果有例外规定，则按照例外规定来处理。

四、工资薪金所得和劳务报酬所得的区别

"劳务报酬所得"和"工资、薪金所得"是个人所得税里两个最接近的税目，即使采用综合所得计税后，由于二者税收负担不同，仍然会存在很多容易混淆的情形。

从新条例对这两个税目的定义来看，行业和工作内容看似很多，其实并不重要，因为个人提供劳务能从事的行业，雇主都能涉及到。关键在于：工资薪金所得是"受雇"的所得，劳务报酬所得是"劳务"的所得。

对于二者如何区分，退休人员再任职也存在类似问题，为此，《国家税务总局关于离退休人员再任职界定问题的批复》（国税函〔2006〕526号）规定了"工资薪金所得"判定的四个条件（同时具备）：

1. 受雇人员与用人单位签订一年以上（含一年）劳动合同（协议），存在长期或连续的雇用与被雇用关系；

2. 受雇人员因事假、病假、休假等原因不能正常出勤时，仍享受固定或基本工资收入；

3. 受雇人员与单位其他正式职工享受同等福利、社保（注意，这里的"社保"在 2011 年被删除）、培训及其他待遇；

4. 受雇人员的职务晋升、职称评定等工作由用人单位负责组织。

实务中，如果个人同时符合以上四个条件的（其中，非退休人员可以将"社保"这一条件加上），应该可以认定为"受雇"，取得的收入为工资薪金所得，否则，为劳务报酬所得。

五、稿酬所得的实务界定

新旧条例表述不变，稿酬所得是"个人因其作品以图书、报刊形式出版、发表而取得的所得"。通过网络媒体平台获得的稿酬，比如网络小说的稿酬收入，因为这些网络媒体的实质是合法出版的电子图书报刊，也可以认定为稿酬所得。

需要注意的是个人自媒体获得的打赏、赞赏，虽然是写稿收入，但却不符合新条例对于"稿酬所得"的定义，归属于"经营所得"更为合理，即"个

人从事其他生产、经营活动取得的所得"。

六、经营所得的实务界定

经营所得的范围界定上要注意两点：

1.实务中很容易将这个税目和个体工商户或者其他注册行为直接关联，但不要忽视"个人从事其他生产、经营活动取得的所得"这条规定，这就意味着一些没有登记，但是实质上属于个体经营性质的个人所得也适用于这个税目，比如前文所说的个人网络自媒体的收入。

2. 增加了"个人独资企业投资人、合伙企业的个人合伙人来源于境内注册的个人独资企业、合伙企业生产、经营的所得"，这一点其实在现行规章中已经进行了明确，本次提升到新条例中。值得一提的是，新条例特别说明了个人独资企业、合伙企业必须是"境内注册"。

七、财产转让所得的变化

新条例在财产转让所得的界定范围中除了将"建筑物、土地使用权"改为"不动产"外，还增加了合伙企业中的财产份额，这是一个较大的改动。事实上，《关于个人终止投资经营收回款项征收个人所得税问题的公告》（国家税务总局公告〔2011〕第41号）已有相关规定，此次是在新条例中进行明确。只是在具体征管上，还需要进一步文件明确操作细节。

八、兜底税目

偶然所得，除了个人得奖、中奖、中彩的所得之外，还包括"其他偶然性质的所得"，这就注定了它会成为兜底的税目，结合主管税务机关"界定应纳税所得项目"的权力，可以将一些税法未直接列明却显然是应该征税的收入项目纳入进来。

九、居民个人与非居民个人的区别

我们所称的综合所得实质上是针对居民个人的，对于非居民个人，虽然也有综合所得的四项税目，但是并不汇总计算，二者的划分体系如下：

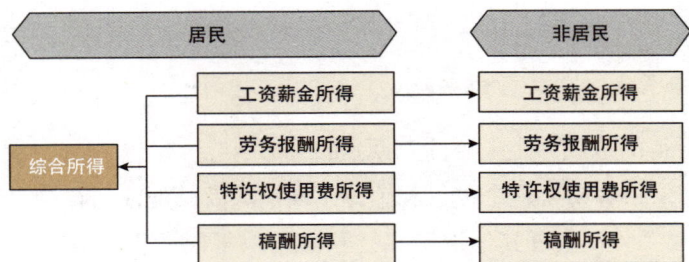

十、所得形式：重实质

个人所得税法体系下，所得形式是现金还是非现金在判断纳税义务的实质上没有任何区别，除了现金及银行存款外，就算是实物、股票甚至其他对价利益，都是需要折成现金的，准确地说，包括"现金、实物、有价证券和其他形式的经济利益"。这一点很多投资者纳税人尤其需要注意，很多人存在"没有拿到现金就不用纳税"的误解。此外，在无法确认具体价值时，税务机关有核定价值的权力。

需要说明的是，新条例第八条还同时规定了应纳税所得额的内容，但为了前后连续，本书将之收录在"税目"一节。

第三节　税　　率

新法

第三条　个人所得税的税率：

（一）综合所得，适用百分之三至百分之四十五的超额累进税率（税率表附后）；

（二）经营所得，适用百分之五至百分之三十五的超额累进税率（税率表附后）；

（三）利息、股息、红利所得，财产租赁所得，财产转让所得和偶然所得，适用比例税率，税率为百分之二十。

个人所得税税率表一（综合所得适用）

级数	全年应纳税所得额	税率（%）
1	不超过36000元的部分	3
2	超过36000元至144000元的部分	10
3	超过144000元至300000元的部分	20
4	超过300000元至420000元的部分	25
5	超过420000元至660000元的部分	30
6	超过660000元至960000元的部分	35
7	超过960000元的部分	45

扫码后输入"表4"，可获取本表

（注1：本表所称全年应纳税所得额是指依照本法第六条的规定，居民个人取得综合所得以每一纳税年度收入额减除费用六万元以及专项扣除、专项附加扣除和依法确定的其他扣除后的余额。

注2：非居民个人取得工资、薪金所得，劳务报酬所得，稿酬所得和特许权使用费所得，依照本表按月换算后计算应纳税额。）

个人所得税税率表二（经营所得适用）

级数	全年应纳税所得额	税率（%）
1	不超过30000元的部分	5
2	超过30000元至90000元的部分	10
3	超过90000元至300000元的部分	20
4	超过300000元至500000元的部分	30
5	超过500000元的部分	35

扫码后输入"表5"，可获取本表

（注：本表所称全年应纳税所得额是指依照本法第六条的规定，以每一纳税年度的收入总额减除成本、费用以及损失后的余额。）

📋 新条例

无

⚙️ 实务解析

一、税率的变化如下图所示：

1. 综合所得

2. 经营所得

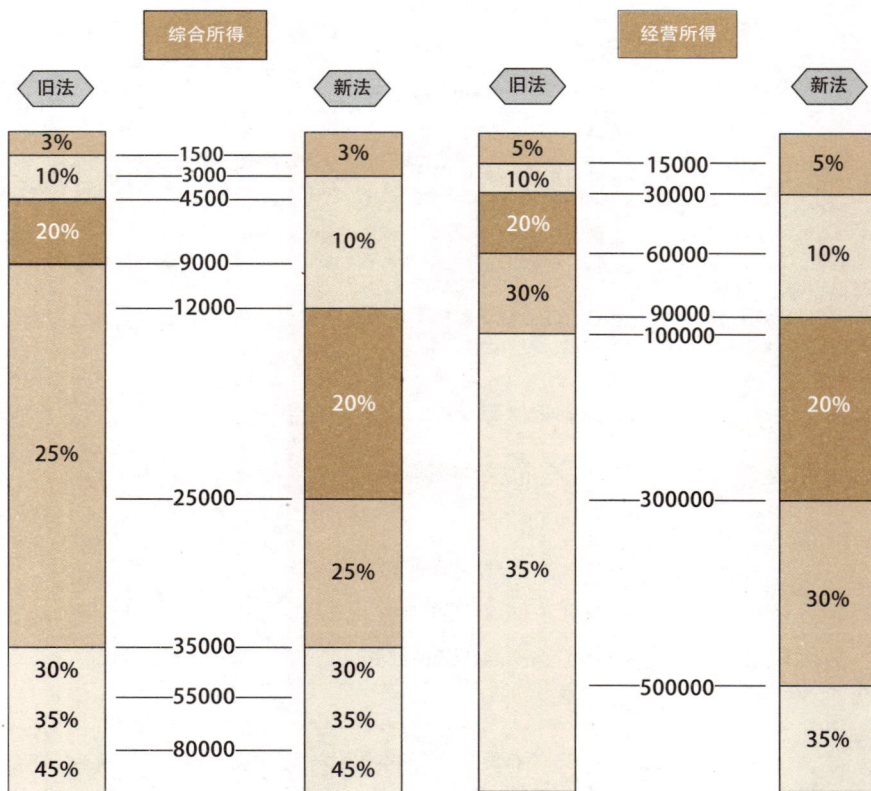

综合所得

旧法		新法
3%	—1500—	3%
10%	—3000—	
	—4500—	
20%		10%
	—9000—	
	—12000—	
25%		20%
	—25000—	
		25%
30%	—35000—	30%
35%	—55000—	35%
45%	—80000—	45%

经营所得

旧法		新法
5%	—15000—	5%
10%	—30000—	
20%	—60000—	10%
30%	—90000—	
	—100000—	
		20%
35%	—300000—	
		30%
	—500000—	
		35%

新旧税率表对比如下：

1. 综合所得（旧法为工资薪金所得）

级数	旧法税率			新法税率				
	月应纳税所得额	税率（%）	速算扣除数	年应纳税所得额	月应纳税所得额	税率（%）	月速算扣除数	年速算扣除数
1	不超过1500元	3	0	不超过36000元的	不超过3000元	3	0	0
2	超过1500~4500元	10	105	超过36000~144000元	超过3000~12000元	10	210	2520
3	超过4500~9000元	20	555	超过144000~300000元	超过12000~25000元	20	1410	16920
4	超过9000~35000元	25	1005	超过300000~420000元	超过25000~35000元	25	2660	31920
5	超过35000~55000元	30	2755	超过420000~660000元	超过35000~55000元	30	4410	52920
6	超过55000~80000元	35	5505	超过660000~960000元	超过55000~80000元	35	7160	85920
7	超过80000元	45	13505	超过960000元	超过80000元	45	15160	181920

扫码后输入"表6"，可获取本表。

2. 经营所得

级数	旧法税率			新法税率		
	年应纳税所得额	税率（%）	速算扣除数	年应纳税所得额	税率（%）	速算扣除数
1	不超过15000元的	5	0	不超过30000元的	5	0
2	超过15000~30000元	10	750	超过30000~90000元	10	1500
3	超过30000~60000元	20	3750	超过90000~300000元	20	10500
4	超过60000~100000元	30	9750	超过300000~500000元	30	40500
5	超过100000元	35	14750	超过500000万元	35	65500

扫码后输入"表7"，可获取本表。

第四节　免税项目

新法

第四条　下列各项个人所得，免征个人所得税：

（一）省级人民政府、国务院部委和中国人民解放军军以上单位，以及外国组织、国际组织颁发的科学、教育、技术、文化、卫生、体育、环境保护等方面的奖金；

（二）国债和国家发行的金融债券利息；

（三）按照国家统一规定发给的补贴、津贴；

（四）福利费、抚恤金、救济金；

（五）保险赔款；

（六）军人的转业费、复员费、退役金；

（七）按照国家统一规定发给干部、职工的安家费、退职费、基本养老金或者退休费、离休费、离休生活补助费；

（八）依照有关法律规定应予免税的各国驻华使馆、领事馆的外交代表、领事官员和其他人员的所得；

（九）中国政府参加的国际公约、签订的协议中规定免税的所得；

（十）国务院规定的其他免税所得。

前款第十项免税规定，由国务院报全国人民代表大会常务委员会备案。

新条例

第九条　个人所得税法第四条第一款第二项所称国债利息，是指个人持有中华人民共和国财政部发行的债券而取得的利息；所称国家发行的金融债券利息，是指个人持有经国务院批准发行的金融债券而取得的利息。

第十条　个人所得税法第四条第一款第三项所称按照国家统一规定发给的补贴、津贴，是指按照国务院规定发给的政府特殊津贴、院士津贴，以及国务院规定免予缴纳个人所得税的其他补贴、津贴。

第十一条　个人所得税法第四条第一款第四项所称福利费，是指根据国家有关规定，从企业、事业单位、国家机关、社会组织提留的福利费或者工会经费中支付给个人的生活补助费；所称救济金，是指各级人民政府民政部门支付给个人的生活困难补助费。

第十二条　个人所得税法第四条第一款第八项所称依照有关法律规定应予免税的各国驻华使馆、领事馆的外交代表、领事官员和其他人员的所得，是指依照《中华人民共和国外交特权与豁免条例》和《中华人民共和国领事特权与豁免条例》规定免税的所得。

⚙ 实务解析

一、新法的修改之处

1. 增加了"退役金"的免税规定

旧法并没有将"退役金"列入税法免税项目，但现行的《财政部 国家税务总局关于退役士兵退役金和经济补助免征个人所得税问题的通知》（财税〔2011〕109号）对此进行了明确，因此本次修改是将规范性规定提升到法条中，对实务影响不大。

2. 完善了退休金的说法

新法将旧法中的"退休工资、离休工资"修改为"基本养老金或者退休费、离休费"。这是因为：随着形势发展和社会保障体系的建立，企事业单位的退休工资主要由社保部门发放，另外，即使退休离休，获得的工资薪金所得也可能会产生纳税义务，具体文件是《国家税务总局关于离退休人员取得单位发放离退休工资以外奖金补贴征收个人所得税的批复》（国税函〔2008〕723号），以及《财政部 国家税务总局关于高级专家延长离休退休期间取得工资薪金所得有关个人所得税问题的通知》（财税〔2008〕7号），所以，将免税范围界定为"基本养老金或者退休费、离休费"更加精确。

3. 增加了免税"报全国人民代表大会常务委员会备案"的流程规定。

二、各级奖金的免税范围

对于第一项免税政策，在实务中，如果碰到纳税人获得政府或者各种机构颁发奖金的情况，尤其需要注意奖金发放级别。

第一项免税政策的核心条件是：够级别、范围内。从实务层面上看，政府颁发的奖金不大会超过"科学、教育、技术、文化、卫生、体育、环境保护等方面"的范围，所以，能不能免税就取决于够不够级别，够级别的自然可以免税，不够级别的，按"偶然所得"税目交税，很多地方政府的奖励要交税就是因为出台奖励文件的级别不够。

三、福利费和救济金

旧法及旧条例对于"福利费"没有限定针对"困难个人"，新条例的最终稿也没有增加这一限制，但是《国家税务总局关于生活补助费范围确定问题的通知》（国税发〔1998〕155号）对此进行了明确定。实务中，需要注意，公司发放给员工的、人人都有的福利费，不属于该免税项目之内。

第五节　减征项目

新法

第五条　有下列情形之一的，可以减征个人所得税，具体幅度和期限，由省、自治区、直辖市人民政府规定，并报同级人民代表大会常务委员会备案：

（一）残疾、孤老人员和烈属的所得；

（二）因自然灾害遭受重大损失的。

国务院可以规定其他减税情形，报全国人民代表大会常务委员会备案。

新条例

无

⚙ 实务解析

一、新法的调整

1. 将"重大自然灾害"改为"自然灾害",更加合理。

2. 规定新增的减税情形必须报全国人民代表大会常务委员会备案、省级政府的减征幅度和期限的规定必须报同级人民代表大会常务委员会备案。这是税收法定的要求。

二、各地减税幅度和方式会有不同,在实务操作中需要注意区域差异,对于税务机关和纳税人皆是如此。

三、残疾、孤老人员和烈属的主体证明比较重要。实务中,残疾人员和烈属都有对应的证书证明,而孤老人员则是辅助证明材料。

第六节　应纳税所得额

新法

第六条　应纳税所得额的计算:

（一）居民个人的综合所得,以每一纳税年度的收入额减除费用六万元以及专项扣除、专项附加扣除和依法确定的其他扣除后的余额,为应纳税所得额。

（二）非居民个人的工资、薪金所得,以每月收入额减除费用五千元后的余额为应纳税所得额;劳务报酬所得、稿酬所得、特许权使用费所得,以每次收入额为应纳税所得额。

（三）经营所得，以每一纳税年度的收入总额减除成本、费用以及损失后的余额，为应纳税所得额。

（四）财产租赁所得，每次收入不超过四千元的，减除费用八百元；四千元以上的，减除百分之二十的费用，其余额为应纳税所得额。

（五）财产转让所得，以转让财产的收入额减除财产原值和合理费用后的余额，为应纳税所得额。

（六）利息、股息、红利所得和偶然所得，以每次收入额为应纳税所得额。

劳务报酬所得、稿酬所得、特许权使用费所得以收入减除百分之二十的费用后的余额为收入额。稿酬所得的收入额减按百分之七十计算。

个人将其所得对教育、扶贫、济困等公益慈善事业进行捐赠，捐赠额未超过纳税人申报的应纳税所得额百分之三十的部分，可以从其应纳税所得额中扣除；国务院规定对公益慈善事业捐赠实行全额税前扣除的，从其规定。

本条第一款第一项规定的专项扣除，包括居民个人按照国家规定的范围和标准缴纳的基本养老保险、基本医疗保险、失业保险等社会保险费和住房公积金等；专项附加扣除，包括子女教育、继续教育、大病医疗、住房贷款利息或者住房租金、赡养老人等支出，具体范围、标准和实施步骤由国务院确定，并报全国人民代表大会常务委员会备案。

新条例

第十三条　个人所得税法第六条第一款第一项所称依法确定的其他扣除，包括个人缴付符合国家规定的企业年金、职业年金，个人购买符合国家规定的商业健康保险、税收递延型商业养老保险的支出，以及国务院规定可以扣除的其他项目。

专项扣除、专项附加扣除和依法确定的其他扣除，以居民个人一个纳税年度的应纳税所得额为限额；一个纳税年度扣除不完的，不结转以后年度扣除。

第十四条　个人所得税法第六条第一款第二项、第四项、第六项所称每次，分别按照下列方法确定：

（一）劳务报酬所得、稿酬所得、特许权使用费所得，属于一次性收入的，以取得该项收入为一次；属于同一项目连续性收入的，以一个月内取得的收入为一次。

（二）财产租赁所得，以一个月内取得的收入为一次。

（三）利息、股息、红利所得，以支付利息、股息、红利时取得的收入为一次。

（四）偶然所得，以每次取得该项收入为一次。

第十五条 个人所得税法第六条第一款第三项所称成本、费用，是指生产、经营活动中发生的各项直接支出和分配计入成本的间接费用以及销售费用、管理费用、财务费用；所称损失，是指生产、经营活动中发生的固定资产和存货的盘亏、毁损、报废损失，转让财产损失，坏账损失，自然灾害等不可抗力因素造成的损失以及其他损失。

取得经营所得的个人，没有综合所得的，计算其每一纳税年度的应纳税所得额时，应当减除费用6万元、专项扣除、专项附加扣除以及依法确定的其他扣除。专项附加扣除在办理汇算清缴时减除。

从事生产、经营活动，未提供完整、准确的纳税资料，不能正确计算应纳税所得额的，由主管税务机关核定应纳税所得额或者应纳税额。

第十六条 个人所得税法第六条第一款第五项规定的财产原值，按照下列方法确定：

（一）有价证券，为买入价以及买入时按照规定交纳的有关费用；

（二）建筑物，为建造费或者购进价格以及其他有关费用；

（三）土地使用权，为取得土地使用权所支付的金额、开发土地的费用以及其他有关费用；

（四）机器设备、车船，为购进价格、运输费、安装费以及其他有关费用。

其他财产，参照前款规定的方法确定财产原值。

纳税人未提供完整、准确的财产原值凭证，不能按照本条第一款规定的方法确定财产原值的，由主管税务机关核定财产原值。

个人所得税法第六条第一款第五项所称合理费用，是指卖出财产时按照规定支付的有关税费。

第十七条 财产转让所得，按照一次转让财产的收入额减除财产原值和合理费用后的余额计算纳税。

第十八条 两个以上的个人共同取得同一项目收入的，应当对每个人取得的收入分别按照个人所得税法的规定计算纳税。

第十九条 个人所得税法第六条第三款所称个人将其所得对教育、扶贫、济困等公益慈善事业进行捐赠，是指个人将其所得通过中国境内的公益性社会组织、国家机关向教育、扶贫、济困等公益慈善事业的捐赠；所称应纳税所得额，是指计算扣除捐赠额之前的应纳税所得额。

实务解析

一、收入、收入额、应纳税所得额

在计算居民个人综合所得与经营所得的应纳税所得额时，需要注意收入、收入额、应纳税所得额这三个概念之间的关系与区别，尤其是"收入"和"收入额"很容易混淆。但其实，"收入"与"收入额"并无本质区别，综合所得的计算过程中，单一项目扣除费用后的金额不适合直接叫"应纳税所得额"，所以引入"收入额"的概念，三者关系如下图所示：

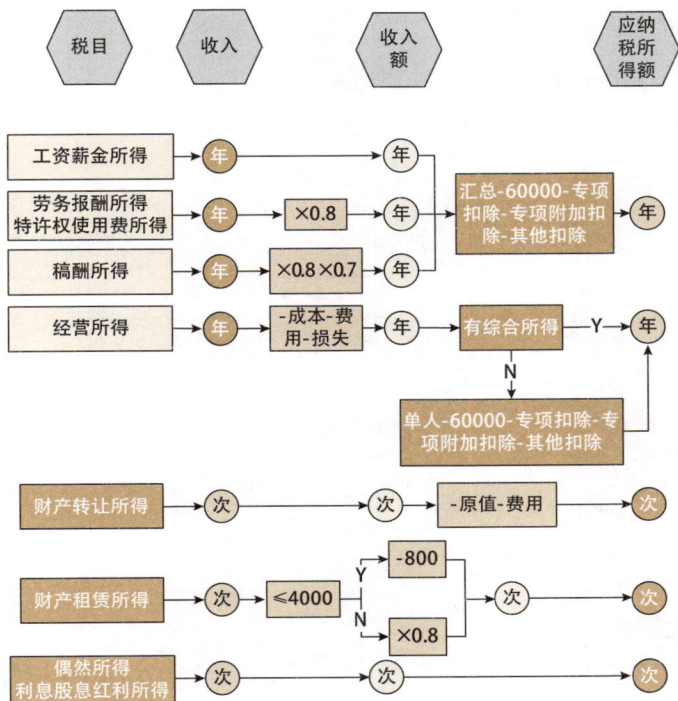

扫码后输入"图13",可获取本图。

二、居民与非居民应纳税所得额的区别

在综合所得的四项税目下,居民与非居民的应纳税所得额计算方式是不同的。居民的四项所得应纳税所得额的计算见上图,非居民的见下图:

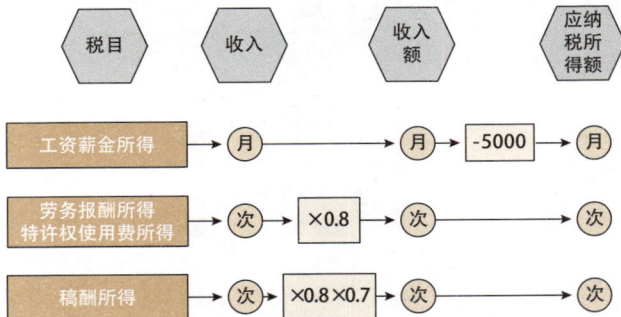

扫码后输入"图14",可获取本图。

三、各项扣除的构成

九个税目在计算应纳税所得额时的扣除项目有所不同，需要进行区别，具体如下图所示：

1. 综合所得：

扫码后输入
"图15"，可
获取本图。

2.经营所得：

```
税目                          扣除项

                              ┌─ 各项直接支出
                              ├─ 计入成本的间接费用
                    ┌─ 成本、费用 ─┼─ 销售费用
                    │              ├─ 管理费用
                    │              └─ 财务费用
                    │
                    │              ┌─ 固定资产和存货的盘亏、毁损、报废损失
经营所得 → 按年汇总 ─┼─ 损失 ─────┼─ 转让财产损失、坏账损失
                    │              ├─ 自然灾害等不可抗力因素造成的损失
                    │              └─ 其他损失
                    │
                    │              ┌─ 基本扣除60000元
                    └─ 无综合所得的 ┼─ 专项扣除
                       加扣：       ├─ 专项附加扣除
                                   └─ 其他扣除
```

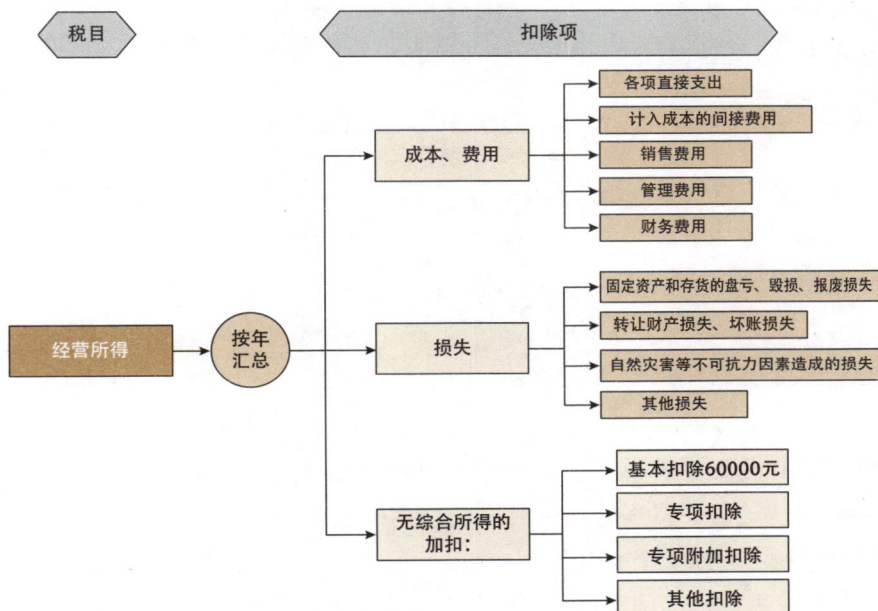

扫码后输入"图16"，可获取本图。

3. 其他分类所得：

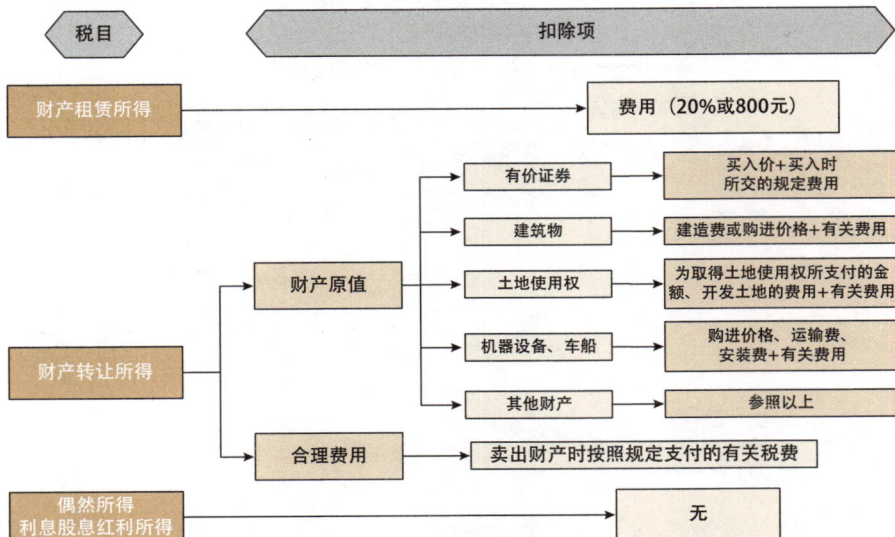

```
税目                          扣除项

财产租赁所得 ──────────────── 费用（20%或800元）

                    ┌─ 有价证券 → 买入价+买入时所交的规定费用
                    │
                    ├─ 建筑物 → 建造费或购进价格+有关费用
          ┌─ 财产原值 ─┼─ 土地使用权 → 为取得土地使用权所支付的金额、开发土地的费用+有关费用
财产转让所得 │        ├─ 机器设备、车船 → 购进价格、运输费、安装费+有关费用
          │        └─ 其他财产 → 参照以上
          │
          └─ 合理费用 → 卖出财产时按照规定支付的有关税费

偶然所得
利息股息红利所得 ──────────── 无
```

扫码后输入"图17"，可获取本图。

需要特别注意的是，财产转让所得的扣除项中，财产原值里也有"有关费用"，它和"合理费用"之间的区别是：前者是在取得财产所有权时发生的费用，而后者是在将财产转让出去时发生的。

四、合伙企业个人合伙人应纳税所得额的计算

在经营所得的各种纳税人中，个体工商户业主、个人独资企业投资者，以及从事其他生产、经营活动的个人，在计算应纳税所得额时，只涉及到一个纳税人，计算过程较为清晰。唯有合伙企业个人合伙人的计算容易混淆。

合伙企业个人合伙人的应纳税所得额计算需要分为两个过程，第一步：汇总合伙企业的全部收入，减去成本、费用和损失，得出合伙企业的应纳税所得额；第二步：根据一定的规则分配到每个合伙人（"先分后税"），合伙人再扣除各个项目，得出合伙人的应纳税所得额。如果合伙人有多处经营所得，还需要将多处经营所得的应纳税所得额进行相加，形成总的应纳税所得额（只扣一个 6 万元）。就是所谓的"先分后税"。至于分配规则，可以参照《财政部 国家税务总局关于合伙企业合伙人所得税问题的通知》（财税〔2008〕159 号），如下图所示：

扫码后输入"图18"，可获取本图。

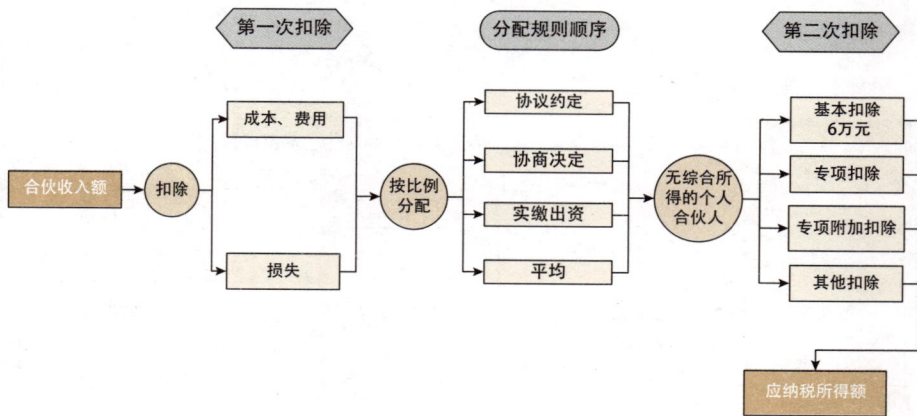

五、经营所得和综合所得的 6 万元优先在综合所得中扣除

在计算经营所得的应纳税所得额时，正常情况下，只能扣除成本费用

及损失，如果纳税人当年无综合所得，则可以扣除基本扣除额6万元、专项扣除、专项附加扣除以及其他扣除，这一点需要特别当心。也就是说，对于一个纳税人，这些项目一年只能扣一次，尤其是6万元基本扣除额，不存在两处分别扣的情形。

六、月和次的区别

在计算应纳税所得额时，各个税目的时间区间分为年、月、次三种，其中，经营所得以及居民个人的综合所得以年为单位，无需赘言。对于其他几种分类所得，以及非居民的四项综合所得，月和次的实务判定容易混淆，其关系如下：

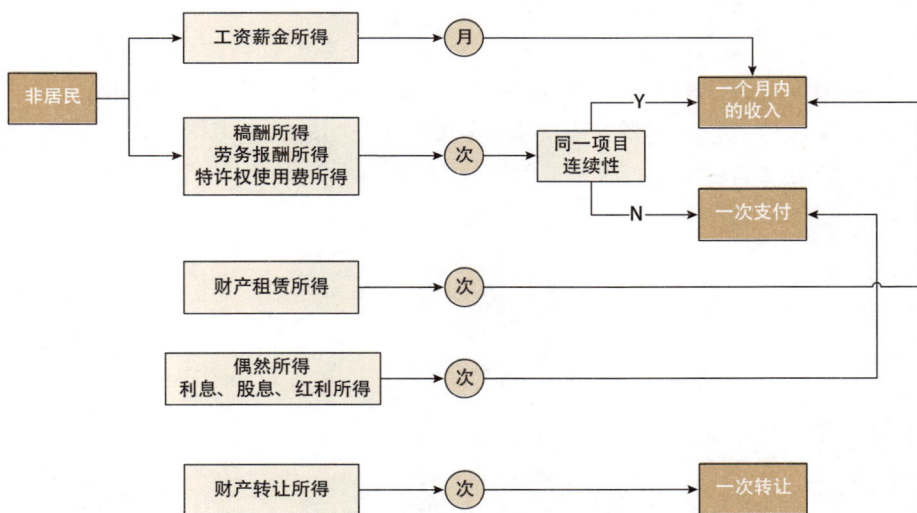

扫码后输入"图19"，可获取本图。

七、捐赠的确定

1. 扣除比例

新法中对个人捐赠的税前扣除额度规定了两种情形：一种是捐赠额未超过纳税人申报的应纳税所得额百分之三十的部分，一种是可以全额税前扣除。无论哪种税前扣除，都涉及到与纳税人申报的应纳税所得额的比较。

由于捐赠额的扣除本身也是纳税人应纳税所得额计算过程的一部分，为了防止纳税人误解，新条例特别规定，在计算捐赠额扣除基数时所称的应纳税所得额，并不包含可扣除捐赠额本身，而是指计算扣除捐赠额之前的应纳税所得额合计部分。

2. 捐赠对象

可税前扣除的捐赠对象必须符合两个条件：一是捐赠对象必须是教育、扶贫、济困等公益慈善事业，这一点在新法中已经进行了明确；二是捐赠途径必须通过中国境内的公益性社会组织、国家机关，这一点沿用了以前的做法，继续在新条例中进行明确，只是将其中的"社会团体"修改为"公益性社会组织"。主要目的是确保税前扣除的捐赠是通过正式渠道用于公益慈善事业，防止该扣除政策被滥用。

3. 扣除顺序

当纳税人有多种收入，如果有捐赠，就涉及到在各种不同的收入项目中的扣除顺序问题，这个问题在新条例中并未明确，需要等待下一步在财税规章中进行明确。

第七节　境外税额抵免

新法

第七条　居民个人从中国境外取得的所得，可以从其应纳税额中抵免已在境外缴纳的个人所得税税额，但抵免额不得超过该纳税人境外所得依照本法规定计算的应纳税额。

📋 新条例

第二十条　居民个人从中国境内和境外取得的综合所得、经营所得，应当分别合并计算应纳税额；从中国境内和境外取得的其他所得，应当分别单独计算应纳税额。

第二十一条　个人所得税法第七条所称已在境外缴纳的个人所得税税额，是指居民个人来源于中国境外的所得，依照该所得来源国家（地区）的法律应当缴纳并且实际已经缴纳的所得税税额。

个人所得税法第七条所称纳税人境外所得依照本法规定计算的应纳税额，是居民个人抵免已在境外缴纳的综合所得、经营所得以及其他所得的所得税税额的限额（以下简称抵免限额）。除国务院财政、税务主管部门另有规定外，来源于中国境外一个国家（地区）的综合所得抵免限额、经营所得抵免限额以及其他所得抵免限额之和，为来源于该国家（地区）所得的抵免限额。

居民个人在中国境外一个国家（地区）实际已经缴纳的个人所得税税额，低于依照前款规定计算出的来源于该国家（地区）所得的抵免限额的，应当在中国缴纳差额部分的税款；超过来源于该国家（地区）所得的抵免限额的，其超过部分不得在本纳税年度的应纳税额中抵免，但是可以在以后纳税年度来源于该国家（地区）所得的抵免限额的余额中补扣。补扣期限最长不得超过五年。

第二十二条　居民个人申请抵免已在境外缴纳的个人所得税税额，应当提供境外税务机关出具的税款所属年度的有关纳税凭证。

实务解析

一、抵免规则的变化

旧法体系下，纳税人取得境外所得需要按项目计算抵免限额。简而言之，就是在计算抵免限额时，分国又分项，在抵免时，分国不分项，将同一国别的不同项目的抵免限额之和作为该国（地区）的抵免限额。纳税人同时从境内、外取得工资薪金所得的，境内、境外所得分别减除各自的费用扣除标准（境内扣除 3500 元／月，境外 4800 元／月）后计税。

新法下，纳税人可能同时取得境内、境外综合所得经营所得与分类所得，境外所得的税收抵免更为复杂，具体抵免规则并未完全明确。注意三个要点：

一是个人境外综合所得、经营所得分别合并计算抵免限额。但具体如何计算并未在新条例中明确，将会在后续财税文件中加以明确。

二是来自境外一个国家（地区）的抵免限额是来源于该国家（地区）的综合所得、经营所得及其他所得的抵免限额之和。

三是一个国家（地区）未抵免完的限额可以结转 5 年，和旧条例一致。

二、参考计算方法

新条例并没有明确抵免限额如何计算，但新条例的征求意见稿中进行了明确，为了便于抵免理解以及实务操作，本书按照征求意见稿中的公式进行实务讲解，因此，需要注意，以下示意图是参考理解图，不是新条例中的内容。

具体计算步骤分为四步，如下图所示：

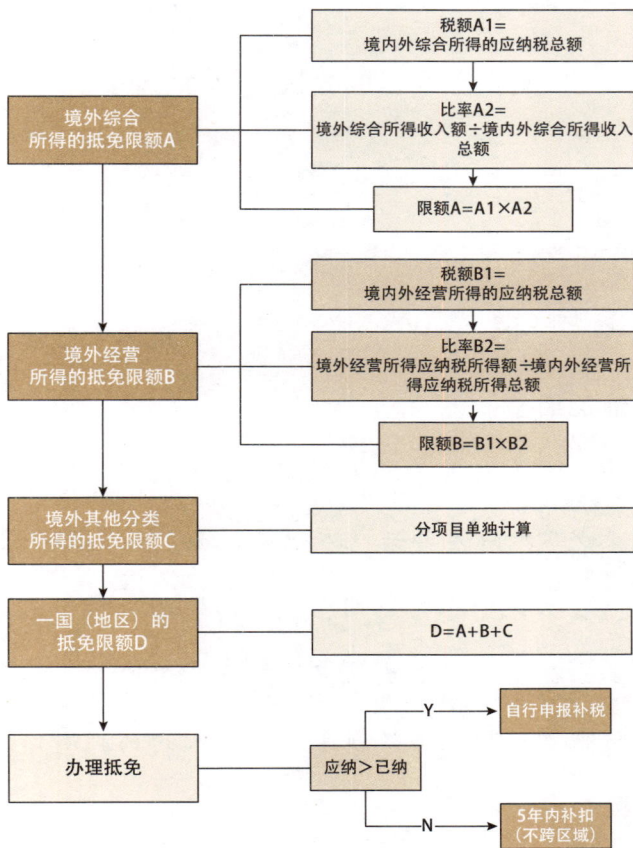

扫码后输入"图20"，可获取本图。

这里需要注意的是：计算经营所得抵免限额的计算方法与计算综合所得基本一致，但是境内外经营所得应纳税总额所乘的比率不是收入比率，而是应纳税所得额的比率。主要原因在于各国对经营所得成本、费用、损失的规定和计算相差较大，同样收入的情况下，扣除成本费用损失后的所得及应纳税款可能大相径庭，通过收入占比和税款占比难以匹配；此外，境外机构亏损的，不交税，也不存在抵免问题，按收入比率计算的结果不准确。通过应纳税所得额计算比率更为合理。

具体的计算流程，以后续的财税规章为准。

第八节　特别纳税调整

新法

　　第八条　有下列情形之一的，税务机关有权按照合理方法进行纳税调整：

　　（一）个人与其关联方之间的业务往来不符合独立交易原则而减少本人或者其关联方应纳税额，且无正当理由；

　　（二）居民个人控制的，或者居民个人和居民企业共同控制的设立在实际税负明显偏低的国家（地区）的企业，无合理经营需要，对应当归属于居民个人的利润不作分配或者减少分配；

　　（三）个人实施其他不具有合理商业目的的安排而获取不当税收利益。

　　税务机关依照前款规定作出纳税调整，需要补征税款的，应当补征税款，并依法加收利息。

新条例

第二十三条　个人所得税法第八条第二款规定的利息，应当按照税款所属纳税申报期最后一日中国人民银行公布的与补税期间同期的人民币贷款基准利率计算，自税款纳税申报期满次日起至补缴税款期限届满之日止按日加收。纳税人在补缴税款期限届满前补缴税款的，利息加收至补缴税款之日。

实务解析

新法的第八条是个人所得税的"特别纳税调整"条款，俗称"反避税"条款。企业所得税的"特别纳税调整"条款及配套办法已经实施并逐步改进了将近十年，相对比较完善。个人所得税的相应规定大体也参照企业所得税的相关规定。

一、整体框架

新条例并没有对特别纳税调整的相关定义进行进一步明确，但新条例的征求意见稿中进行了明确，为了便于概念理解以及实务操作，本书将按照征求意见稿中的解释进行实务讲解，因此，需要注意，以下示意图是参考理解图，不完全是新条例中的内容。

扫码后输入
"图21",可
获取本图。

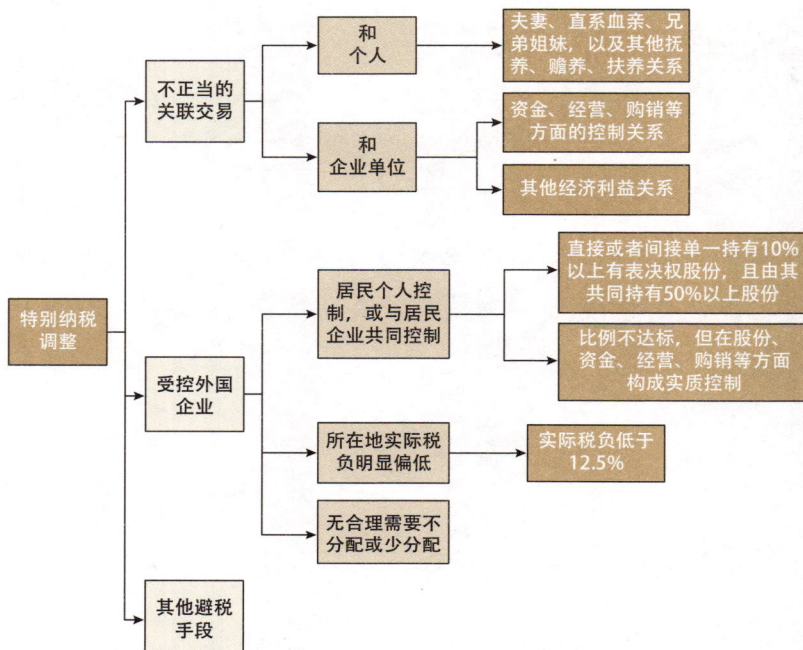

其中，实际税负明显偏低，是指实际税负低于《中华人民共和国企业所得税法》规定的税率的50%，而我国现行企业所得税法规定的税率是25%，因此对应的税率标准就是12.5%。

二、受控外国企业

受控外国企业（CFC）是打击利润转移、利用国际避税地进行避税的有力手段，企业所得税领域的"受控外国企业"认定需要同时达到四个条件：

1.由中国税收居民企业控制或其与居民个人共同控制；

2.被控制企业位于实际税负明显偏低的国家（地区）（12.5%之下）；

3.被控制企业对利润不分配或减少分配；

4.不分配或减少分配并非出于合理经营需要。

从政策平衡及合理性上看，个人所得税法的"受控外国企业"和企业所得税法的标准认定应该不会有太大出入。

在企业所得税的受控外国企业管理实务中，遇到以下三种情况之一的，不做纳税调整，可做参考：

　　1. 设立在国家税务总局指定的非低税率国家（地区）；

　　2. 主要取得积极经营活动所得；

　　3. 年度利润总额低于 500 万元人民币。

具体实务处理中要复杂得多，尤其是在实质判定上，需要注意。

三、如何缴纳利息

　　特别纳税调整后加收的利息，既不算滞纳金，更不是罚款，可以理解为因不合理的商业安排导致迟交国家税款而带来的资金时间成本。利息水平是与补税期间同期的人民币贷款基准利率。

　　注意，企业所得税领域的特别纳税调整后利息需要再加 5 个百分点，比如同期贷款利率为 6%，则利息水平就是 6%＋5%＝11%。而个人所得税特别纳税调整的利息并未照搬，就被定为贷款基准利率。

第九节　纳税人与扣缴义务人

新法

　　第九条　个人所得税以所得人为纳税人，以支付所得的单位或者个人为扣缴义务人。

　　纳税人有中国公民身份号码的，以中国公民身份号码为纳税人识别号；纳税人没有中国公民身份号码的，由税务机关赋予其纳税人识别号。扣缴义务人扣缴税款时，纳税人应当向扣缴义务人提供纳税人识别号。

新条例

第二十四条　扣缴义务人向个人支付应税款项时，应当依照个人所得税法规定预扣或者代扣税款，按时缴库，并专项记载备查。

前款所称支付，包括现金支付、汇拨支付、转账支付和以有价证券、实物以及其他形式的支付。

实务解析

一、扣缴义务人的确定

个人所得税的扣缴义务人是支付所得的单位或者个人，当出现扣缴义务人不明的时候，旧法体系下的判定标准只有一个文件可以在实务中参考，《国家税务总局关于个人所得税偷税案件查处中有关问题的补充通知》（国税函发〔1996〕602号）：凡税务机关认定对所得的支付对象和支付数额有决定权的单位和个人，即为扣缴义务人。在集团与子公司之间确认谁是员工的扣缴义务人时，上述规定尤其显得重要。

二、纳税识别号

纳税人识别号制度是此次改革新增的一项基础制度规定，既相当于为个人纳税人办理税务登记手续，又是识别纳税人的唯一的税务身份号码，可以对个人在各地区收入、纳税等相关信息进行"一人式"归集。产生途径如下图所示：

扫码后输入
"图22",可
获取本图。

首次申报和有变化，均需要向税务机关提供相关信息。

对于"有效身份证件"，国家税务总局专门出台了《关于自然人纳税人识别号有关事项的公告》（2018 年第 59 号公告），进行明确：

"有效身份证件"，是指：

1. 纳税人为中国公民且持有有效《中华人民共和国居民身份证》（以下简称"居民身份证"）的，为居民身份证。

2. 纳税人为华侨且没有居民身份证的，为有效的《中华人民共和国护照》和华侨身份证明。

3. 纳税人为港澳居民的，为有效的《港澳居民来往内地通行证》或《中华人民共和国港澳居民居住证》。

4. 纳税人为台湾居民的，为有效的《台湾居民来往大陆通行证》或《中华人民共和国台湾居民居住证》。

5. 纳税人为持有有效《中华人民共和国外国人永久居留身份证》（以下简称永久居留证）的外籍个人的，为永久居留证和外国护照；未持有永久居留证但持有有效《中华人民共和国外国人工作许可证》（以下简称工作许可证）的，为工作许可证和外国护照；其他外籍个人，为有效的外国护照。

第十节　自行纳税申报

新法

第十条　有下列情形之一的，纳税人应当依法办理纳税申报：

（一）取得综合所得需要办理汇算清缴；

（二）取得应税所得没有扣缴义务人；

（三）取得应税所得，扣缴义务人未扣缴税款；

（四）取得境外所得；

（五）因移居境外注销中国户籍；

（六）非居民个人在中国境内从两处以上取得工资、薪金所得；

（七）国务院规定的其他情形。

扣缴义务人应当按照国家规定办理全员全额扣缴申报，并向纳税人提供其个人所得和已扣缴税款等信息。

新条例

第二十五条　取得综合所得需要办理汇算清缴的情形包括：

（一）从两处以上取得综合所得，且综合所得年收入额减除专项扣除的余额超过6万元；

（二）取得劳务报酬所得、稿酬所得、特许权使用费所得中一项或者多项所得，且综合所得年收入额减除专项扣除的余额超过6万元；

（三）纳税年度内预缴税额低于应纳税额；

（四）纳税人申请退税。

纳税人申请退税，应当提供其在中国境内开设的银行账户，并在汇算清缴地就地办理税款退库。

汇算清缴的具体办法由国务院税务主管部门制定。

第二十六条　个人所得税法第十条第二款所称全员全额扣缴申报，是指扣缴义务人在代扣税款的次月十五日内，向主管税务机关报送其支付所得的所有个人的有关信息、支付所得数额、扣除事项和数额、扣缴税款的具体数额和总额以及其他相关涉税信息资料。

第二十七条　纳税人办理纳税申报的地点以及其他有关事项的具体办法，由国务院税务主管部门制定。

⚙ 实务解析

一、新法的变化

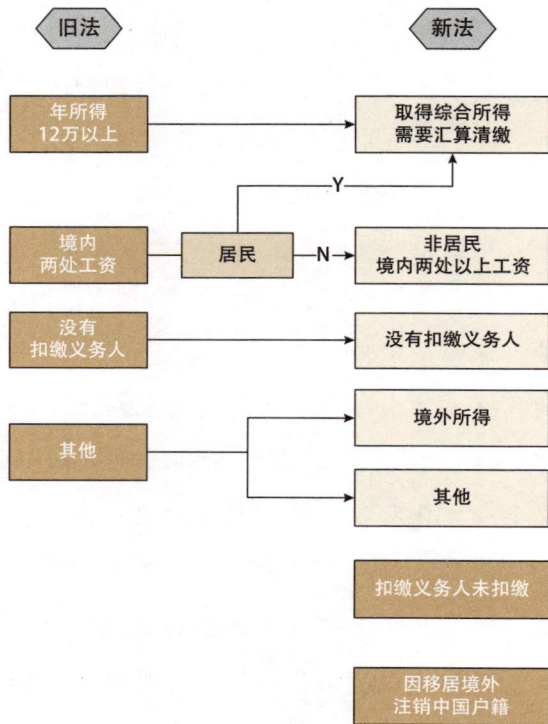

二、取得综合所得需要汇算清缴的情形

　　由于采用综合税制,又增加了多种扣除项目,新条例所列明的几种自行纳税申报的情况也存在部分交叉,居民个人取得综合所得需要汇算清缴的情形的表述看起来比较复杂。先基于以下两个认知的话,理解会更快捷:不是所有取得综合所得的纳税人都需要汇算清缴;需补退税或者调整税款计算结果的需要汇算清缴。具体见下图所示:

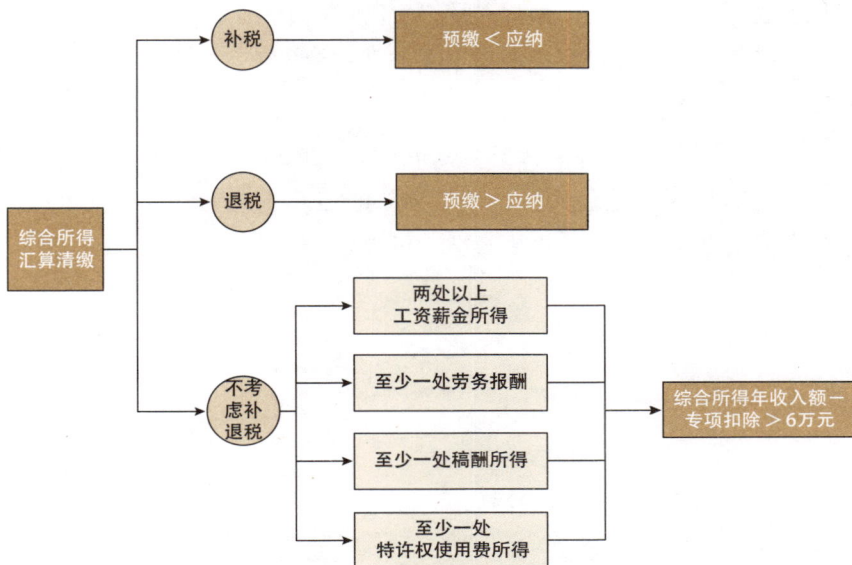

扫码后输入"图24",可获取本图。

需要注意三点：

1. 综合所得年收入额扣除专项扣除的余额，不能像计算应纳税所得额一样，再去扣除 6 项专项附加扣除及其他扣除。也就是说：这种情形并不等于纳税人综合所得的应纳税所得额大于 0，可能纳税人本来要纳税，但是享受专项附加扣除后无需纳税了，这也是需要汇算清缴的。

2. 一年中换工作，导致两家雇主以上发放工资，也算两处以上取得工资薪金所得，也需要自行申报。

3. 在汇算清缴地就地办理税款退库。

三、全员全额扣缴申报

所谓"全员全额扣缴申报"，新条例的界定是向主管税务机关报送其支付所得的所有个人的有关信息、支付所得数额、扣除事项和数额、扣缴税款的具体数额和总额以及其他相关涉税信息资料。

旧的规定《个人所得税全员全额扣缴申报管理暂行办法》（国税发〔2005〕205 号）有比较直观的定义：个人所得税全员全额扣缴申报，是指扣缴义务人向个人支付应税所得时，不论其是否属于本单位人员、支付的应税所得是否达到纳税标准，扣缴义务人应当在代扣税款的次月内，向主管税务机关报送其支付应税所得个人的基本信息、支付所得项目和数额、扣缴税款数额以及相关涉税信息。其核心意思是：只要支付了应税所得，无论是否产生税款，都必须将所有人的所有应税收入进行申报。"全员"即是不论是否属于本单位人员，"全额"即是指不论支付金额是否达到纳税标准。该文已废止，但意思更直白，可参考。

第十一节　综合所得的扣缴申报

新法

第十一条　居民个人取得综合所得，按年计算个人所得税；有扣缴义务人的，由扣缴义务人按月或者按次预扣预缴税款；需要办理汇算清缴的，应当在取得所得的次年三月一日至六月三十日内办理汇算清缴。预扣预缴办法由国务院税务主管部门制定。

居民个人向扣缴义务人提供专项附加扣除信息的，扣缴义务人按月预扣预缴税款时应当按照规定予以扣除，不得拒绝。

非居民个人取得工资、薪金所得，劳务报酬所得，稿酬所得和特许权使用费所得，有扣缴义务人的，由扣缴义务人按月或者按次代扣代缴税款，不办理汇算清缴。

新条例

第二十八条　居民个人取得工资、薪金所得时，可以向扣缴义务人提供专项附加扣除有关信息，由扣缴义务人扣缴税款时减除专项附加扣除。纳税人同时从两处以上取得工资、薪金所得，并由扣缴义务人减除专项附加扣除的，对同一专项附加扣除项目，在一个纳税年度内只能选择从一处取得的所得中减除。

居民个人取得劳务报酬所得、稿酬所得、特许权使用费所得，应当在汇算清缴时向税务机关提供有关信息，减除专项附加扣除。

第二十九条　纳税人可以委托扣缴义务人或者其他单位和个人办理汇算清缴。

第三十条　扣缴义务人应当按照纳税人提供的信息计算办理扣缴申报，不得擅自更改纳税人提供的信息。

纳税人发现扣缴义务人提供或者扣缴申报的个人信息、所得、扣缴税款等与实际情况不符的，有权要求扣缴义务人修改。扣缴义务人拒绝修改的，纳税人应当报告税务机关，税务机关应当及时处理。

纳税人、扣缴义务人应当按照规定保存与专项附加扣除相关的资料。税务机关可以对纳税人提供的专项附加扣除信息进行抽查，具体办法由国务院税务主管部门另行规定。税务机关发现纳税人提供虚假信息的，应当责令改正并通知扣缴义务人；情节严重的，有关部门应当依法予以处理，纳入信用信息系统并实施联合惩戒。

⚙ 实务解析

一、综合所得四项税目的申报体系

新法的申报体系下，综合所得四项税目区分居民个人和非居民个人分别计算缴纳税款和办理纳税申报，具体如下图所示：

扫码后输入
"图25"，可
获取本图。

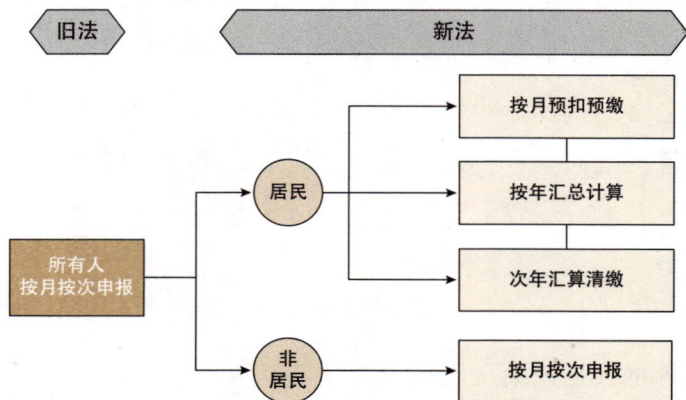

二、办理专项附加扣除的实务要点

1. 只有取得工资薪金所得时，才可以通过扣缴义务人办理扣除，取得其他三项所得，在次年汇算清缴时向税务机关办理扣除。

2. 纳税人可以选择通过扣缴义务人办理扣除，也可以不通过扣缴义务人而通过税务机关，有自主选择权。

3. 一旦纳税人选择通过扣缴义务人办理扣除，扣缴义务人不能拒绝。

4. 对同一个扣除项目，纳税人在一年内只能选择从其中一处扣除。比如子女教育费，如果纳税人有两处工资所得，则只能在一个地方进行扣除，不能两处都扣。

三、专项附加扣除信息的纠错机制

对于专项附加扣除信息，设置了一个纠错机制，具体流程如下图所示：

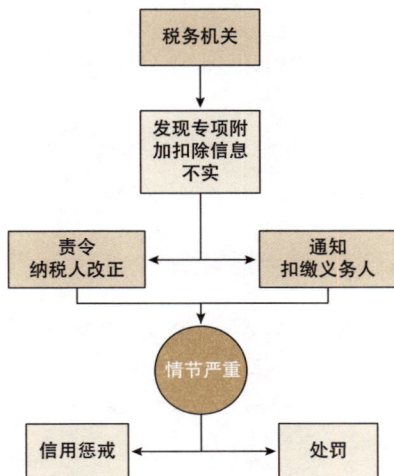

扫码后输入"图26",可获取本图。

四、其他实务要点

1. 纳税人和扣缴义务人发现对方有错误信息或数据的,要求对方修改,如遭拒绝,则报告税务机关。

2. 不能确认是否为税收居民个人的,先按非居民个人进行扣缴或申报。

3. 纳税人可以委托扣缴义务人来办理汇算清缴。这也是为了减轻征纳双方的压力。

第十二节　分类所得的纳税申报

新法

第十二条　纳税人取得经营所得,按年计算个人所得税,由纳税人在月度或者季度终了后十五日内向税务机关报送纳

57

税申报表，并预缴税款；在取得所得的次年三月三十一日前办理汇算清缴。

纳税人取得利息、股息、红利所得，财产租赁所得，财产转让所得和偶然所得，按月或者按次计算个人所得税，有扣缴义务人的，由扣缴义务人按月或者按次代扣代缴税款。

新条例

无

实务解析

一、分类所得的申报体系

详见下图所示：

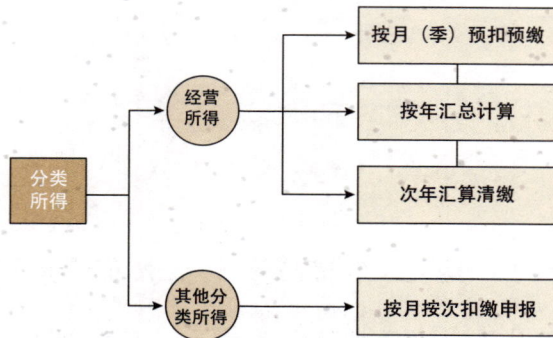

扫码后输入"图27"，可获取本图。

二、经营所得的预缴与汇缴时间

经营所得的预缴时间为月度或者季度终了后十五日内，具体按季还是按月，需要看税务机关在办理税种鉴定时确认的预缴周期是季还是月。

经营所得的汇缴时间为次年的 3 月 31 日之前。

第十三节　五种自行申报时间

新法

第十三条　纳税人取得应税所得没有扣缴义务人的，应当在取得所得的次月十五日内向税务机关报送纳税申报表，并缴纳税款。

纳税人取得应税所得，扣缴义务人未扣缴税款的，纳税人应当在取得所得的次年六月三十日前，缴纳税款；税务机关通知限期缴纳的，纳税人应当按照期限缴纳税款。

居民个人从中国境外取得所得的，应当在取得所得的次年三月一日至六月三十日内申报纳税。

非居民个人在中国境内从两处以上取得工资、薪金所得的，应当在取得所得的次月十五日内申报纳税。

纳税人因移居境外注销中国户籍的，应当在注销中国户籍前办理税款清算。

新条例

无

实务解析

对于其他五种自行纳税申报的情形，新法规定了申报时间，具体见下图：

扫码后输入
"图28"，可
获取本图。

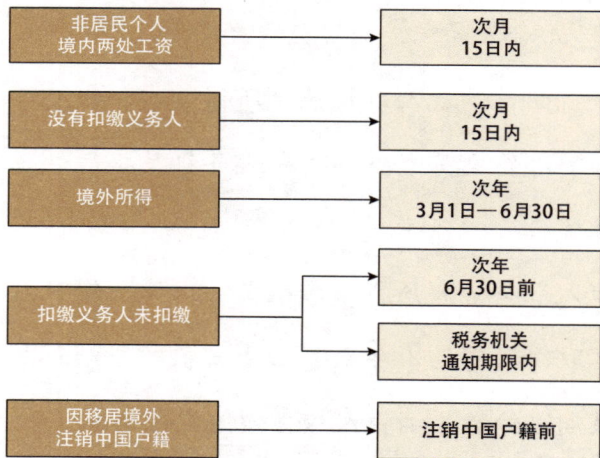

实务中注意两个要点：

1. 扣缴义务人未扣缴的申报期限有两个，新法没有明确指出哪个申报时间优先，自然是按照孰先原则，即哪个期限在前则按哪个期限申报纳税。

2. 取得境外所得面临着境外税款抵免的问题，而由于各个国家（地区）的年度纳税时间不同，境外所得的纳税时间可能会接近或者晚于 6 月 30 日，很可能会出现 6 月 30 日境外所得的税款尚无法确认的情况，对此现行文件规定是《境外所得个人所得税征收管理暂行办法》（国税发〔1998

126 号）：如所得来源国与中国的纳税年度不一致，年度终了后 30 日内申报纳税有困难的，可报经中国主管税务机关批准，在所得来源国的纳税年度终了、结清税款后 30 日内申报纳税。在实务中，类似情况应该也可以参照执行。该文件也可能被修改，请留意。

第十四节　税款入库与退库

新法

第十四条　扣缴义务人每月或者每次预扣、代扣的税款，应当在次月十五日内缴入国库，并向税务机关报送扣缴个人所得税申报表。

纳税人办理汇算清缴退税或者扣缴义务人为纳税人办理汇算清缴退税的，税务机关审核后，按照国库管理的有关规定办理退税。

新条例

第三十一条　纳税人申请退税时提供的汇算清缴信息有错误的，税务机关应当告知其更正；纳税人更正的，税务机关应当及时办理退税。

扣缴义务人未将扣缴的税款解缴入库的，不影响纳税人按照规定申请退税，税务机关应当凭纳税人提供的有关资料办理退税。

⚙ 实务解析

一、预扣代扣税款与解缴税款时间不在同一月份

扣缴义务人在支付所得时，纳税人产生纳税义务，扣缴义务人需要同时预扣代扣税款，然后在次月 15 日内将这部分预扣代扣税款向税务机关进行申报缴纳。所以会出现两个月份公式：

发放月份 = 预扣代扣月份

申报缴税月份 = 预扣代扣月份 +1

同时，大部分企业在发放工资时采取本月工资下月发的方式，因此又存在这个公式：

发放月份 = 工资所属月份 +1

以上三个公式相结合，就出现了"1 月工资，2 月发放，3 月缴税"的正常情形。

但部分企业选择当月工资，当月发放，即"1 月工资，1 月发放"；还有部分企业选择当月发放、当月缴税，即"1 月发放，1 月缴税"；这些都导致预扣与缴税实务变得复杂。

这就是历次费用减除标准上调时引起实务争议的重要原因。

解决的办法比较简单，把握两个原则：

1. 无论企业如何计算工资所属期，税务机关只看发放月份。

2. 申报缴税月份 = 发放月份 +1，这一公式铁打不动。

二、退税的流程

汇算清缴退税的流程如下图所示：

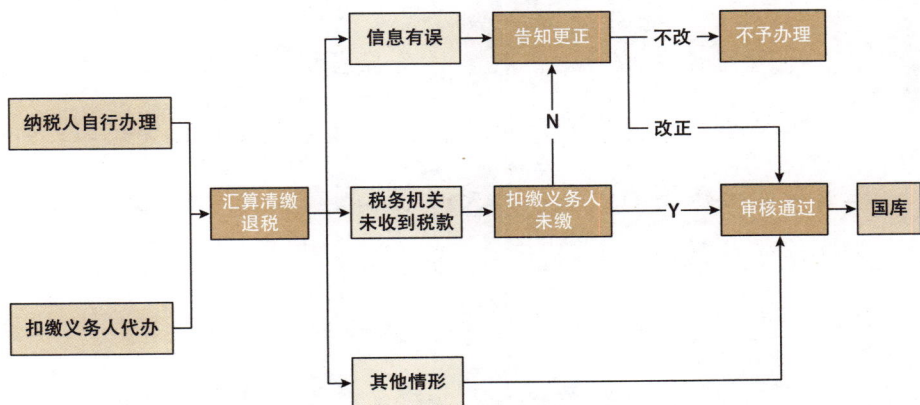

扫码后输入"图29"，可获取本图。

注意，汇算清缴退税既可以由纳税人自行办理，也可以由扣缴义务人代为办理。

第十五节　涉税信息集成

新法

第十五条　公安、人民银行、金融监督管理等相关部门应当协助税务机关确认纳税人的身份、金融账户信息。教育、卫生、医疗保障、民政、人力资源社会保障、住房城乡建设、公安、人民银行、金融监督管理等相关部门应当向税务机关提供纳税人子女教育、继续教育、大病医疗、住房贷款利息、住房租金、赡养老人等专项附加扣除信息。

个人转让不动产的，税务机关应当根据不动产登记等相关信息核验应缴的个人所得税，登记机构办理转移登记时，应当查验与该不动产转让相关的个人所得税的完税凭证。个人转让股权办理变更登记的，市场主体登记机关应当查验与该股权交易相关的个人所得税的完税凭证。

有关部门依法将纳税人、扣缴义务人遵守本法的情况纳入信用信息系统，并实施联合激励或者惩戒。

新条例

无

实务解析

这是涉税信息集成系统，需要各相关部门将各种涉税信息向税务机关进行传递，结合纳税人识别号制度，构成了一张涉税信息集成网络，该网络如下图所示：

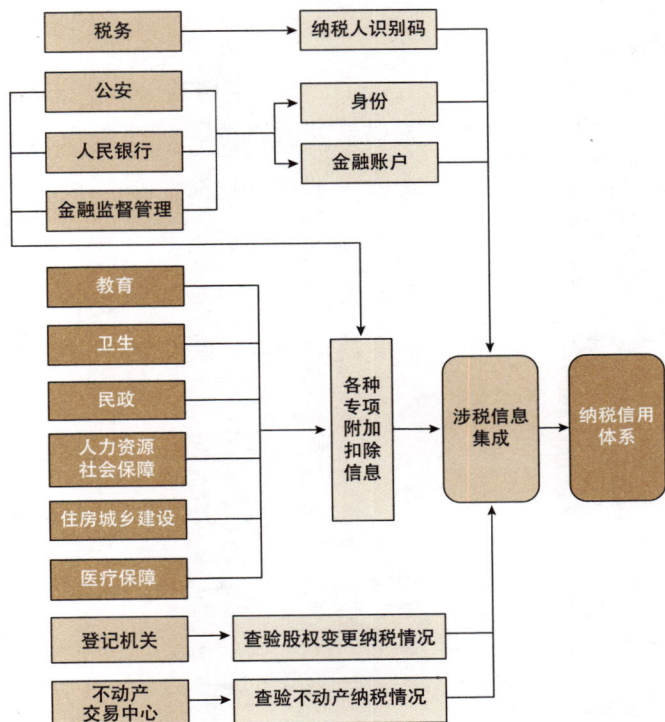

扫码后输入"图30",可获取本图。

第十六节 币 种

新法

　　第十六条 各项所得的计算，以人民币为单位。所得为人民币以外的货币的，按照人民币汇率中间价折合成人民币缴纳税款。

新条例

第三十二条 所得为人民币以外货币的，按照办理纳税申报或者扣缴申报的上一月最后一日人民币汇率中间价，折合成人民币计算应纳税所得额。年度终了后办理汇算清缴的，对已经按月、按季或者按次预缴税款的人民币以外货币所得，不再重新折算；对应当补缴税款的所得部分，按照上一纳税年度最后一日人民币汇率中间价，折合成人民币计算应纳税所得额。

实务解析

一、新法修订之处

新法规定以人民币为单位计算所得。本次修订将旧法中的"外国货币"改为"人民币以外的货币"，将旧法中的"国家外汇管理机关规定的外汇牌价"改为"人民币汇率中间价"。二者都是将之前的不严谨的表述进行了完善，无需赘言。

二、实务要点

如果所得的币种不是人民币，则在申报缴税时按照上月最后一天的汇率中间价折算。这里的申报既包括纳税申报，也包括代扣、预扣预缴申报。年度汇算清缴需要补税的，按照上年度最后一天的汇率中间价折算，计算应纳税额，已纳税额不再重新计算。具体见下图所示：

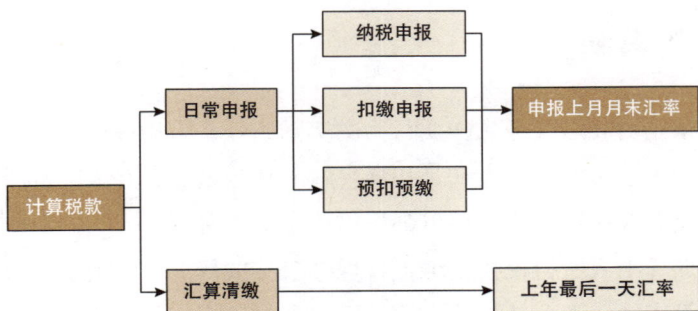

扫码后输入"图31",可获取本图。

第十七节　手续费

新法

第十七条　对扣缴义务人按照所扣缴的税款,付给百分之二的手续费。

新条例

第三十三条　税务机关按照个人所得税法第十七条的规定付给扣缴义务人手续费,应当填开退还书;扣缴义务人凭退还书,按照国库管理有关规定办理退库手续。

⚙ **实务解析**

本法条是对扣缴义务人扣缴行为的奖励条款，未做改变。

1.扣缴手续费的计算方式是扣缴税款的百分之二，并未限定所得项目，即：扣缴义务人扣缴的所有项目都可以获得手续费。

2.根据《个人所得税扣缴申报管理办法（试行）》的规定，税务机关、司法机关等查补或责令补扣的税款，不包含在计算基数之内。

3.因为扣缴义务人既可能是企事业单位，有可能是个人，所以个人作为扣缴义务人的时候也可以获得手续费。

4.扣缴手续费给予扣缴单位后，再发放给经办人员，是否还算扣缴手续费？

扣缴单位办理代扣代缴手续，获得的2%的奖励，是税法规定的"手续费"，但单位将该项收入再发放给经办人员，则已经转换为了其他项目的所得，比如工资薪金所得。因此，经办人员从扣缴单位拿到的所得并非"扣缴手续费"。这一点影响后续免税政策的实务判断。

第十八节　储蓄存款利息

新法

第十八条　对储蓄存款利息所得开征、减征、停征个人所得税及其具体办法，由国务院规定，并报全国人民代表大会常务委员会备案。

新条例

无

实务解析

新法本条授权国务院可以对于储蓄存款利息所得纳税事项进行明确，与旧法相比，增加了报全国人大常委会备案的规定，主要是落实税收法定原则。

关于储蓄存款利息是否交税，现行的《财政部　国家税务总局关于储蓄存款利息所得有关个人所得税政策的通知》（财税〔2008〕132号）进行了明确：为配合国家宏观调控政策需要，经国务院批准，自2008年10月9日起，对储蓄存款利息所得暂免征收个人所得税。

因此，储蓄存款利息所得实际上是免税的。

第十九节　法律责任

新法

第十九条　纳税人、扣缴义务人和税务机关及其工作人员违反本法规定的，依照《中华人民共和国税收征收管理法》和有关法律法规的规定追究法律责任。

新条例

无

实务解析

本法条确定纳税人、扣缴义务人、税务机关及其工作人员违反新法后的法律责任。法条本身未做更改。

目前涉及三方违法责任的法律主要有《中华人民共和国税收征收管理法》和《中华人民共和国刑法》，无需赘言。

第二十节　征收管理

新法

第二十条　个人所得税的征收管理，依照本法和《中华人民共和国税收征收管理法》的规定执行。

新条例

第三十四条　个人所得税纳税申报表、扣缴个人所得税报告表和个人所得税完税凭证式样，由国务院税务主管部门统一制定。

第三十五条　军队人员个人所得税征收事宜，按照有关规定执行。

实务解析

新法增加了个人所得税法本身对于征收管理的法律约束地位。这主要是因为新法中增加了很多征收管理方面的内容，比如综合所得汇算清缴退税、涉税信息集成等，而《中华人民共和国税收征收管理法》对于个人的征收管理已经远远适应不了新法对于个人所得税的征管要求，因此本法条进行了修订加以明确。

2 对于军队人员的个人所得税征收，明确按照有关规定执行，现行规定有哪些呢？详见下表：

文件名称	文号
财政部　国家税务总局关于军队干部工资薪金收入征收个人所得税的通知	财税字〔1996〕14号
财政部　国家税务总局关于自主择业的军队转业干部有关税收政策问题的通知	财税〔2003〕26号
财政部　国家税务总局　中国人民银行关于调整军队系统个人所得税征缴办法及有关预算管理的通知	财预〔2007〕402号
财政部　国家税务总局关于退役士兵退役金和经济补助免征个人所得税问题的通知	财税〔2011〕109号

扫码后输入"表8"，可获取本表。

第二十一节　实施条例

新法

第二十一条　国务院根据本法制定实施条例。

新条例

第一条 根据《中华人民共和国个人所得税法》（以下简称个人所得税法），制定本条例。

实务解析

无

第二十二节 施行日期

新法

第二十二条 本法自公布之日起施行。

新条例

第三十六条 本条例自 2019 年 1 月 1 日起施行。

⚙ 实务解析

　　根据《全国人民代表大会常务委员会关于修改〈中华人民共和国个人所得税法〉的决定》，新税法自 2019 年 1 月 1 日起施行。

　　至于新税法实施前，自 2018 年 10 月 1 日至 2018 年 12 月 31 日之间的过渡政策，详见下一部分内容。

第二部分

过渡期政策实务解析

个人所得税新法自 2019 年 1 月 1 日起全面实施，在全面实施之前，设置了部分实施期间，即 2018 年 10 月 1 日至 12 月 31 日，这三个月内，仅工资薪金所得、个体工商户的生产经营所得、对企事业单位的承包承租经营所得这三个税目的税款计算会受到影响，其中工资薪金所得部分涉及到实务问题主要是正常每月工资、全年一次性奖金（俗称"年终奖"）和股权激励部分。全面实施后，原则上均按照新法计算缴纳税款，但由于税制发生了巨大的变化，对于一些现行政策产生了冲击，需要衔接政策进行明确。因此，过渡期政策包括两部分：新法全面实施前的过渡政策和新法全面实施后的衔接政策。具体见下图所示：

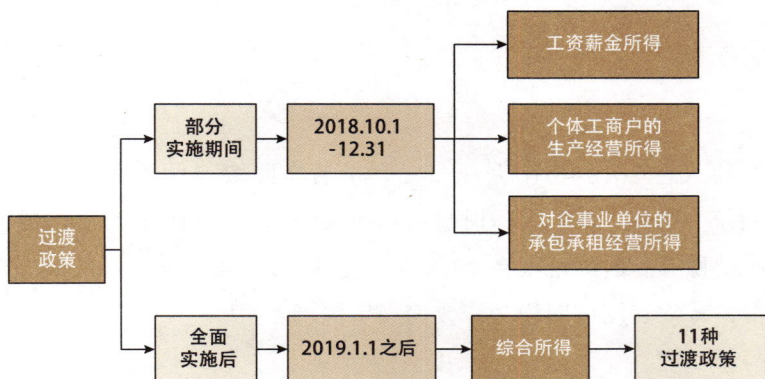

扫码后输入"图32"，可获取本图。

本书将根据全面实施时间，将过渡政策分为两章进行详细解析。

第一章　部分实施期间

第一节　全国人大常委会的决定

自 2018 年 10 月 1 日至 2018 年 12 月 31 日，纳税人的工资、薪金所得，先行以每月收入额减除费用五千元以及专项扣除和依法确定的其他扣除后的余额为应纳税所得额，依照本决定第十六条的个人所得税税率表一（综合所得适用）按月换算后计算缴纳税款，并不再扣除附加减除费用；个体工商户的生产、经营所得，对企事业单位的承包经营、承租经营所得，先行依照本决定第十七条的个人所得税税率表二（经营所得适用）计算缴纳税款。

  ——2018 年 8 月 31 日第十三届全国人民代表大会常务委员会第五次会议《关于修改〈中华人民共和国个人所得税法〉的决定》

第二节　财政部、国家税务总局的规定

一、关于工资、薪金所得适用减除费用和税率问题

对纳税人在 2018 年 10 月 1 日（含）后实际取得的工资、薪金所得，减除费用统一按照 5000 元 / 月执行，并按照本通知所附个人所得税税率表一计算应纳税额。对纳税人在 2018 年 9 月 30 日（含）前实际取得的工资、薪金所得，减除费用按照税法修改前规定执行。

二、关于个体工商户业主、个人独资企业和合伙企业自然人投资者、企事业单位承包承租经营者的生产经营所得计税方法问题

（一）对个体工商户业主、个人独资企业和合伙企业自然人投资者、企事业单位承包承租经营者 2018 年第四季度取得的生产经营所得，减除费用按照 5000 元 / 月执行，前三季度减除费用按照 3500 元 / 月执行。

（二）对个体工商户业主、个人独资企业和合伙企业自然人投资者、企事业单位承包承租经营者 2018 年取得的生产经营所得，用全年应纳税所得额分别计算应纳前三季度税额和应纳第四季度税额，其中应纳前三季度税额按照税法修改前规定的税率和前三季度实际经营月份的权重计算，应纳第四季度税额按照本通知所附个人所得税税率表二（以下称税法修改后规定的税率）和第四季度实际经营月份的权重计算。具体计算方法：

1. 月（季）度预缴税款的计算

本期应缴税额 = 累计应纳税额 − 累计已缴税额

累计应纳税额 = 应纳 10 月 1 日以前税额 + 应纳 10 月 1 日以后税额

应纳 10 月 1 日以前税额 =（累计应纳税所得额 × 税法修改前规定的税率 − 税法修改前规定的速算扣除数）× 10 月 1 日以前实际经营月份数 ÷ 累计实际经营月份数

应纳 10 月 1 日以后税额 =（累计应纳税所得额 × 税法修改后规定的税率 − 税法修改后规定的速算扣除数）× 10 月 1 日以后实际经营月份数 ÷ 累计实际经营月份数

2. 年度汇算清缴税款的计算

汇缴应补退税额 = 全年应纳税额 − 累计已缴税额

全年应纳税额 = 应纳前三季度税额 + 应纳第四季度税额

应纳前三季度税额 =（全年应纳税所得额 × 税法修改前规定的税率 − 税法修改前规定的速算扣除数）× 前三季度实际经营月份数 ÷ 全年实际经营月份数

应纳第四季度税额 =（全年应纳税所得额 × 税法修改后规定的税率 − 税法修改后规定的速算扣除数）× 第四季度实际经营月份数 ÷ 全年实际经营月份数

——《关于 2018 年第四季度个人所得税减除费用和税率适用问题的通知》（财税〔2018〕98 号）

第三节 实务解析

一、过渡期正常工资薪金所得应纳税额的计算

在 2018 年 10 月 1 日（含）之后取得正常每月工资薪金所得，按照新的税率表和新的费用减除标准计算应纳税额，其前后对比如下图所示：

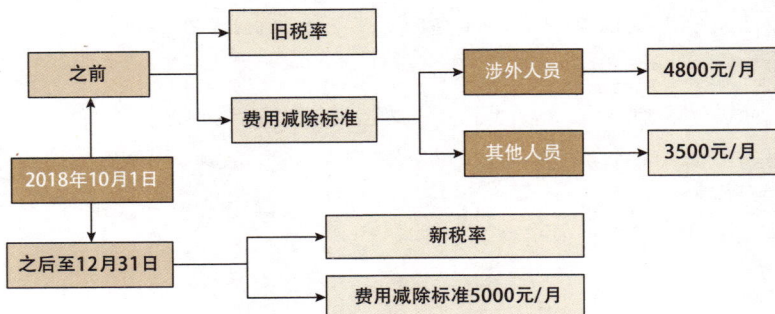

注意两个实务要点:

1. "涉外人员"适用的费用减除标准4800元/月,由基本减除费用标准3500元/月和附加减除费用标准1300元/月构成。根据旧条例,这部分人员包括:

(1)在中国境内的外商投资企业和外国企业中工作的外籍人员;

(2)应聘在中国境内的企业、事业单位、社会团体、国家机关中工作的外籍专家;

(3)在中国境内有住所而在中国境外任职或者受雇取得工资、薪金所得的个人;

(4)华侨和香港、澳门、台湾同胞;

(5)国务院财政、税务主管部门确定的其他人员。

2. 新税率与新扣除标准适用于2018年10月1日(含)之后实际取得的每月工资薪金所得,即2018年10月1日早上零点之后取得的工资薪金所得,这个分界线为纳税人实际取得时间,对应在纳税申报系统内的"所属期"也在2018年10月至12月期间,与公司工资表内员工的工资所属时间无关。

比如:2018年10月申报期和11月申报期,申报扣除如下图:

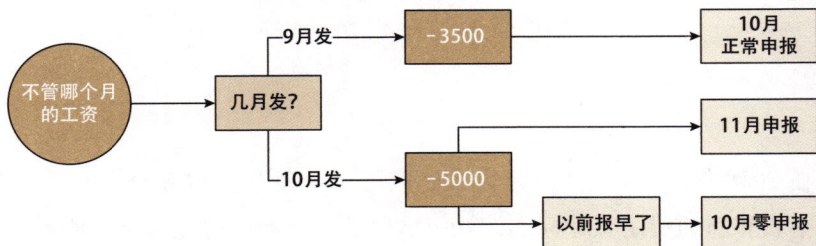

然而，这部分在实务操作中有个例外情况：由于 2018 年 10 月初有国庆节假日，本该在 2018 年 10 月 1 日至 7 日发放的工资薪金，如果依法提前到 2018 年 9 月 30 日发放，也可享受新法规定。注意，必须是因节假日提前发放的才可适用。具体政策口径是：

根据《工资支付暂行规定》第七条规定，工资必须在用人单位与劳动者约定的日期支付。如遇节假日或休息日，则应提前在最近的工作日支付。因此，有部分单位可能会因国庆节长假而将 10 月份工资提前至 9 月底发放。各单位在 9 月底依法发放的上述本应于 10 月份发放的工资，可以适用新的基本减除费用和税率表，税务机关会实事求是地让纳税人享受到改革红利。为此，税务部门统一推广使用的扣缴客户端软件已提供了相应税款计算功能，依法提前发放工资的单位可以通过选择 10 月"税款所属期"适用 5000 元的基本减除费用和新税率表，但相应税款仍需在法定申报期（11 月）内申报缴纳。

需要提醒扣缴单位和纳税人的是，9 月份正常发放的当月工资仍需按 3500 元的减除费用标准和现行税率表计算并代扣代缴个人所得税。对于扣缴申报与事实不符的，税务机关后续会进行核查纠正。

　　　　　　　　——引用自中央电视台新闻稿及各地税务机关政策宣传稿

对于申报缴纳税款时间的理解，详见本书新法与新条例解析部分的第十四节：税款入库与退库。

二、过渡期生产经营所得应纳税额的计算

由于个体工商户的生产经营所得和对企事业单位的承包、承租经营所得（以下统称"生产经营所得"）均为全年汇算清缴，而新的税率及新的费用扣除标准自 2018 年第四季度起实施，必然会对其汇算清缴计算方法产生影响。

1. 影响对象

包括个体工商户业主、个人独资企业和合伙企业自然人投资者、企事业单位承包承租经营者，也包括其他从事个体性质的经营活动而需要依照生产经营所得计算缴纳个人所得税的个人。

2. 税款计算方式

生产经营所得的计算方式需要把握四步要点：

第一步、按照实施时间分界线分开扣除费用；

第二步、汇总计算全年应纳税所得额；

第三步、按照各自的税率和费用扣除标准计算应纳税款；

第四步、两部分税款进行加权计算。

2018 年全年应纳税额的计算过程如下图所示：

扫码后输入
"图35"，可
获取本图。

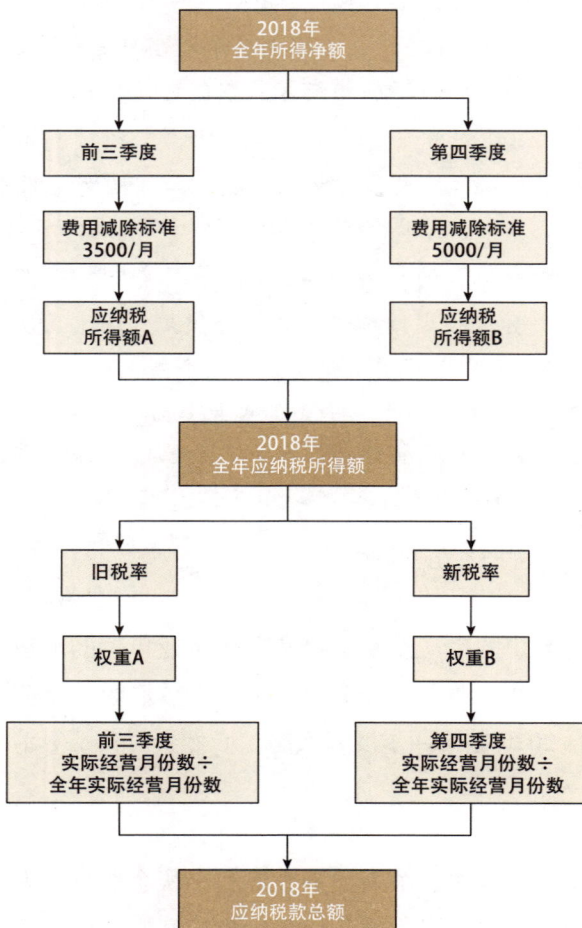

三、对年终奖的一些影响

由于全年一次性奖金（俗称"年终奖"）有特殊算法，其计算有别于每月正常发放的工资薪金所得，在过渡期间适用新税率和新费用扣除标准后，产生了一些争议问题，逐一解析如下：

1. 年终奖的特殊算法在 2018 年第四季度是否仍然有效？

根据《国家税务总局关于调整个人取得全年一次性奖金等计算征收个人所得税方法问题的通知》（国税发〔2005〕9 号）：

纳税人取得全年一次性奖金，单独作为一个月工资、薪金所得计算纳税，并按以下计税办法……

该计税方法的核心意思是：单独计算、除以 12，找税率和速算扣除数，具体公式及算法将会在下一章进行详细解释。

过渡期政策只是改变了税率及费用扣除标准，并未废止国税发〔2005〕9 号文，所以年终奖的特殊算法在 2018 年第四季度仍然有效。

2. 如果年终奖的特殊算法在 2018 年前三季度已经采用过一次，在第四季度是否能够继续采用？

国税发〔2005〕9 号文规定：

在一个纳税年度内，对每一个纳税人，该计税办法只允许采用一次。

同理，既然这个文件在 2018 年依然有效，如果纳税人已经在前三季度采用过一次，自然无法再次采用。如果未采用过，第四季度可以采用一次。

3. 年终奖的特殊算法在 2018 年第四季度如何适用新的费用扣除标准5000 元 / 月？

由于正常的月度工资已经扣除了费用标准，年终奖在计算应纳税额时不再另行扣除，原则上需要按年终奖金额直接按找出的税率和速算扣除数税率计算税款，但是发放年终奖的当月可能会出现费用扣除标准未足额扣完的情形，因此国税发〔2005〕9 号文规定：如果在发放年终一次性奖金的当月，雇员当月工资薪金所得低于税法规定的费用扣除额，应将全年一次性奖金减除"雇员当月工资薪金所得与费用扣除额的差额"后的余额，按上述办法确定全年一次性奖金的适用税率和速算扣除数。

如果在 2018 年第四季度采用年终奖的特殊计算方式，在发放年终奖当月工资薪金所得低于 5000 元的情形下，可以将差额补扣后，再按照特殊方式计算应纳税款。

四、对股权激励的影响

股权激励也属于工资薪金所得，现行政策规定了单独的算法，具体公式及算法将会在下一章进行详细解释。在 2018 年第四季度过渡期内，实务影响是：

1. 在 2018 年第四季度过渡期内产生纳税义务的股权激励所得，应当按照新税率计算应纳税额。

2. 如果 2018 年度存在多次激励，既有前三季度的，又有第四季度的，现行规定是按照总额累计重新计算的方式，其计算公式是：

应纳税款 =（本纳税年度内取得的股票期权形式工资薪金所得累计应纳税所得额 ÷ 规定月份数 × 适用税率 − 速算扣除数）× 规定月份数 − 本纳税年度内股票期权形式的工资薪金所得累计已纳税款。

——《国家税务总局关于个人股票期权所得缴纳个人所得税有关问题的补充通知》（国税函〔2006〕902 号）

由于第四季度使用的是新税率，而前三季度已纳税款适用的是旧税率，新税率比旧税率优惠，这就可能出现累计应纳税额小于已纳税额的情况，按照公式，难不成还要退税？显然是很不合理的。

实务操作口径是：

由于 2018 年 10 月 1 日执行新的税率表，为简化计算，对于纳税人 2018 年 9 月 30 日之前取得的股权激励所得，视同一个独立年度，按照《国家税务总局关于个人股票期权所得缴纳个人所得税有关问题的补充通知》（国税函〔2006〕902 号）、《国家税务总局关于股权激励有关个人所得税问题的通知》（国税函〔2009〕461 号）规定的计算方法计算税款。

对于纳税人 2018 年 10 月 1 日至 12 月 31 日之间取得的股权激励所得，不与前 9 个月的股权激励所得合并计税，单独视同一个年度，按照《国家税务总局关于个人股票期权所得缴纳个人所得税有关问题的补充通知》（国税函〔2006〕902号）、《国家税务总局关于股权激励有关个人所得税问题的通知》（国税函〔2009〕461号）规定的计算方法计算税款。

——摘自各地税务机关答复的执行口径

其核心意思是：前三个季度的股权激励视为一个年度，第四季度的股权激励视为一个年度，分别计算，互不干扰。

第二章 全面实施期间

第一节 总述

　　新法全面实施后，综合所得的计算方法会具体影响到"年终奖"、央企负责人任期奖金、单位低价售房差价收入、"离职补偿金"、提前退休的补贴收入、内部退养的一次性收入、保险代理人劳务报酬、证券经纪人劳务报酬、领取企业年金职业年金、股权激励所得等10种情形的7种特殊算法，以及外籍人员津补贴的特殊优惠，为此，财政部、国家税务总局出台了《关于个人所得税法修改后有关优惠政策衔接问题的通知》（财税〔2018〕164号）进行了明确，其影响及变化概况如下图所示：

扫码后输入
"图36"，可
获取本图。

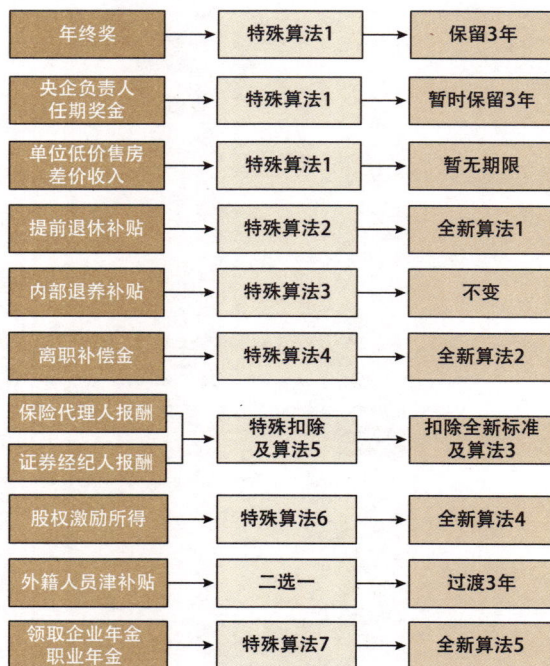

年终奖	→	特殊算法1	→	保留3年
央企负责人任期奖金	→	特殊算法1	→	暂时保留3年
单位低价售房差价收入	→	特殊算法1	→	暂无期限
提前退休补贴	→	特殊算法2	→	全新算法1
内部退养补贴	→	特殊算法3	→	不变
离职补偿金	→	特殊算法4	→	全新算法2
保险代理人报酬 / 证券经纪人报酬	→	特殊扣除及算法5	→	扣除全新标准及算法3
股权激励所得	→	特殊算法6	→	全新算法4
外籍人员津补贴	→	二选一	→	过渡3年
领取企业年金职业年金	→	特殊算法7	→	全新算法5

第二节　"年终奖"

一、概述

"年终奖"是俗称，在个人所得税规定里，规范的叫法是"全年一次性奖金"。

《国家税务总局关于调整个人取得全年一次性奖金等计算征收个人所得税方法问题的通知》（国税发〔2005〕9号）规定：

全年一次性奖金是指行政机关、企事业单位等扣缴义务人根据其全年经济效益和对雇员全年工作业绩的综合考核情况，向雇员发放的一次性奖金。

上述一次性奖金也包括年终加薪、实行年薪制和绩效工资办法的单位根据考核情况兑现的年薪和绩效工资。

结合该文件的另一条规定：

雇员取得除全年一次性奖金以外的其他各种名目奖金，如半年奖、季度奖、加班奖、先进奖、考勤奖等，一律与当月工资、薪金收入合并，按税法规定缴纳个人所得税。

以上两条综合起来看，员工从雇主获得的正常形式的工资薪金所得基本上就只剩下每月的工资和"全年一次性奖金"这两种了。在实务中，因为税负较低，"全年一次性奖金"的适用往往也不限于年终发放的奖金，而是适用于"一年采用一次"的综合性奖金，只是出于习惯，大家依然称之为"年终奖"。

新法下，员工从雇主获得的除年终奖以外的各种名目的奖金以及每月正常发放的工资部分，非居民个人按月计算税款，居民个人则并入综合所得合并计算税款。

二、旧规定

1. 年终奖的基本算法

根据国税发〔2005〕9号文件，在计算年终奖的个人所得税时，按照以下三步进行：

（1）将年终奖单独作为一个月工资、薪金所得计算纳税，如果雇员当月工资薪金所得低于费用扣除额，则先减除差额，即：应税收入＝雇员当月取得全年一次性奖金－雇员当月工资薪金所得与费用扣除额的差额。

（2）以应税收入除以12个月，按其商数确定适用税率和速算扣除数。

（3）应纳税额＝应税收入×适用税率－速算扣除数。

总结就是：用年终奖除以12找税率，再以全额和找到的税率、速算扣除数进行计算，如果当月工资低于"起征点"，则先将低于"起征点"的金额扣除后再进行计算。具体流程如下图所示：

扫码后输入"图37"，可获取本图。

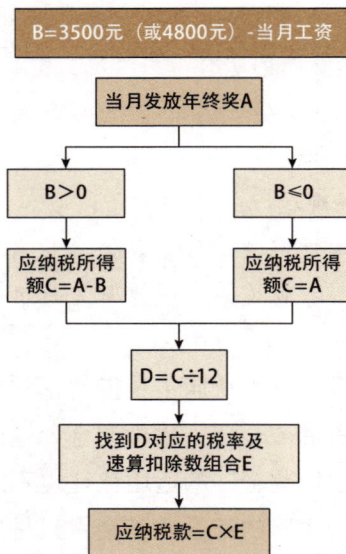

```
B=3500元（或4800元）-当月工资
            │
    当月发放年终奖A
       ┌────┴────┐
    B＞0         B≤0
       │          │
  应纳税所得    应纳税所得
  额C=A-B       额C=A
       └────┬────┘
         D=C÷12
            │
     找到D对应的税率及
     速算扣除数组合E
            │
     应纳税款=C×E
```

2. 不含税年终奖的算法

在实务中，部分公司承诺为部分员工承担个人所得税，在合同中即约定员工收入为"不含税收入"，而员工是个人所得税的纳税义务人，公司为员工负担税款的部分，本质上仍然是公司给员工的工资收入，因此，需要将这部分"不含税收入"换算成"含税收入"然后再计算税款。正常情况下，预估不含税的应纳税所得额，通过公式进行倒算就可以算出含税收入。但是，由于年终奖的算法特殊，如果按照上述方法倒算，同一笔不含税收入有可能对应着两笔含税收入，比如，在旧税率下，郭靖年终奖的对应税率是 10%，不含税收入是 48705 元，杨康年终奖的对应税率是 20%，不含税收入是 43795 元，如果欧阳克取得的不含税收入是 45000 元，他在找对应税率的时候到底是找 10%，还是 20% 呢？要知道，由于年终奖税率本身的算法不是一个平滑的计算过程，这两者的计算结果都是合理合法的，但金额却差异较大。

为此，《国家税务总局关于纳税人取得不含税全年一次性奖金收入计征个人所得税问题的批复》（国税函〔2005〕715 号）对不含税年终奖的计税方法进行了明确：

（一）按照不含税的全年一次性奖金收入除以 12 的商数，查找相应适用税率 A 和速算扣除数 A；

（二）含税的全年一次性奖金收入 =（不含税的全年一次性奖金收入 – 速算扣除数 A）÷（1– 适用税率 A）；

（三）按含税的全年一次性奖金收入除以 12 的商数，重新查找适用税率 B 和速算扣除数 B；

（四）应纳税额 = 含税的全年一次性奖金收入 × 适用税率 B– 速算扣除数 B。

整个计算过程如下图所示：

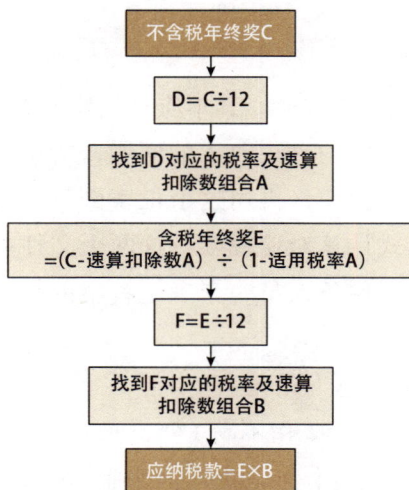

扫码后输入"图38"，可获取本图。

89

但这样一来又有问题：如果雇主不为员工负担全部税款，只负担部分税款怎么办？——这其中还存在定额负担和定比例负担两种方式。

为此，《国家税务总局关于雇主为雇员承担全年一次性奖金部分税款有关个人所得税计算方法问题的公告》（国家税务总局公告 2011 年第 28 号）又进行了规定：

（一）雇主为雇员定额负担税款的计算公式：

应纳税所得额 = 雇员取得的全年一次性奖金 + 雇主替雇员定额负担的税款 - 当月工资薪金低于费用扣除标准的差额

（二）雇主为雇员按一定比例负担税款的计算公式：

（1）查找不含税全年一次性奖金的适用税率和速算扣除数

未含雇主负担税款的全年一次性奖金收入 ÷12，根据其商数找出不含税级距对应的适用税率 A 和速算扣除数 A

（2）计算含税全年一次性奖金

应纳税所得额 =（未含雇主负担税款的全年一次性奖金收入 - 当月工资薪金低于费用扣除标准的差额 - 不含税级距的速算扣除数 A× 雇主负担比例）÷（1- 不含税级距的适用税率 A× 雇主负担比例）

（3）将应纳税所得额 ÷12，根据其商数找出对应的适用税率 B 和速算扣除数 B，据以计算税款。计算公式：

应纳税额 = 应纳税所得额 × 适用税率 B- 速算扣除数 B

实际缴纳税额 = 应纳税额 - 雇主为雇员负担的税额

以上两种规定不论多么复杂，其本质就是要解决上文所说的同一笔不含税收入可能会对应不同的含税收入的问题，所用的方法就是：先用不含税收入找一个固定的税率，再用这个税率倒算出含税收入，然后按这个含税收入用正常方式计算对应税款。这两个文件主要是从实务操作层面上给纳税人以及基层税务人员一个确定答案的算法，为了解决倒算差异问题。

3. 除以 12，与当年工作月份无关

如果是当年新进员工，工作不满 1 年，只有 3 个月，在采用特殊算法时是不是只能除以 3 呢？这个其实也非常明确：规章规定要除以 12 进行计

算肯定是来源于一年有 12 个月，但是并没有说是根据员工的工作月份变动的，这与股权激励里的"规定月份数"有着显著区别。因此，"12"不是指实际工作 12 个月的意思，而纯粹就应当被视作一个普通数字，与实际工作月份没有任何关系。无论是税务机关还是纳税人，都没有必要去擅自更改这个公式。

4. 次数限定

由于年终奖的特殊算法实际上是一个优惠算法，适用次数自然是有限制的，即我们通常所说的"一年只能用一次"，国税发〔2005〕9 号文件原文规定是"在一个纳税年度内，对每一个纳税人，该计税办法只允许采用一次"。

税法中所说的"纳税年度"指的是 1 月 1 日到 12 月 31 日（这一点在新法中也进行了明确），个人所得税里的纳税义务判定时间都是以实际取得时间为准的，因此无论是政策口径上还是申报系统设置上，都是认为在 1 月 1 日到 12 月 31 日之间取得的年终奖，只能采用一次特殊计算方法。

三、新规定

1. 居民个人的年终奖的特殊算法继续保留，要点是：

（1）可以不和其他的工资薪金所得合并计算税款，不并入综合所得计算，单独视为一项所得，单独计算税款。

（2）不考虑当月工资不满 5000 元的因素。

（3）除以 12，按综合税率的月度税率表（见下表）的税率及速算扣除数找到对应的数值，再按照年终奖的总额计算应纳税款。

按月换算后的综合所得税率表

级数	全月应纳税所得额	税率（%）	速算扣除数
1	不超过3000元的	3	0
2	超过3000元至12000元的部分	10	210
3	超过12000元至25000元的部分	20	1410

扫码后输入"表9"，可获取本表。

续表

级数	全月应纳税所得额	税率（％）	速算扣除数
4	超过25000元至35000元的部分	25	2660
5	超过35000元至55000元的部分	30	4410
6	超过55000元至80000元的部分	35	7160
7	超过80000元的部分	45	15160

2. 过渡期3年，即从2019年1月1日起执行至2021年12月31日止。自2022年1月1日起，全部并入综合所得计税。

3. 纳税人也可以选择不将"年终奖"单独计税，而是自行并入综合所得计税。

四、新旧规定的实务比较

年终奖的过渡政策采用的是"完全平移"的方式，单从政策规定上，新旧规定基本没有区别，但在实际计算时需要注意两个要点：

1. 新的税率表比较特殊。

应纳税所得额的计算依据是年所得，而税率和速算扣除数采用的却是月税率表，这和综合所得的计算容易混淆，需要留意。

2. 当月差额政策未保留，但是换成了选择权，实质不变。

旧规定中，如果当月工资不满5000元，之间的差额允许在"年终奖"里补扣，新的综合所得计算方法下，如果只考虑一个月的工资显然不太合适，因此，赋予纳税人选择权，既可以适用单独算法，也可以合并到综合所得里一起计算，这样一来就解决了平时工资不能扣满6万元却要在"年终奖"里交税的问题，防止增加税负。

第三节　央企负责人任期奖金及单位低价售房差价收入

一、旧规定

由于年终奖的计算是一种特殊的算法，相对也比较合理，除了员工从雇主处获得的年终奖外，央企负责人任期奖金及单位低价售房差价收入也参照这一算法，具体是：

1. 单位按低于购置或建造成本价格出售住房给职工，职工因此而少支出的差价部分。文件依据是《财政部　国家税务总局关于单位低价向职工售房有关个人所得税问题的通知》（财税〔2007〕13号）。

2. 中央企业负责人任期结束后取得的绩效薪金40%部分和任期奖励。文件依据是《国家税务总局关于中央企业负责人年度绩效薪金延期兑现收入和任期奖励征收个人所得税问题的通知》（国税发〔2007〕118号）。

二、新规定

继续适用，参考"年终奖"的新算法。其中，单位低价向职工售房的应纳税所得额计算基础是职工实际支付的购房价款低于该房屋的购置或建造成本价格的差额。

同时，单位低价向职工售房的算法并无选择权，只能单独计算。

三、新旧规定的实务比较

1. 税率表发生了变化。

2. 央企负责人任期奖金的算法也有选择权，完全参照"年终奖"。

3. 央企负责人任期奖金的政策过渡三年，三年后"另行明确"；单位低价向职工售房并无期限。

第四节 "离职补偿金"

一、概述

"离职补偿金"也是一种俗称，并不是标准的称谓，其标准称谓其实应该是"个人与用人单位解除劳动关系取得的一次性补偿收入"。当然，具体称谓在各个文件中有些差异，但核心意思还是一样的。关于"离职补偿金"的特殊算法，是个人所得税中一个非常优惠的算法，在实务中也是很重要的政策，需要准确把握。

二、旧规定

1.政策历史

对于企业解除员工劳动合同时支付的补偿金，国家税务总局于 1999 年下发《关于个人因解除劳动合同取得经济补偿金征收个人所得税问题的通知》（国税发〔1999〕178 号），针对"企业在改组、改制或减员增效过程中解除职工的劳动合同而支付给被解聘职工的一次性经济补偿金征收个人所得税政策问题"加以明确。主要条款是：

（1）对于个人因解除劳动合同而取得一次性经济补偿收入，应按"工资、薪金所得"项目计征个人所得税。

（2）考虑到个人取得的一次性经济补偿收入数额较大，而且被解聘的人员可能在一段时间内没有固定收入，因此，对于个人取得的一次性经济补偿收入，可视为一次取得数月的工资、薪金收入，允许在一定期限内进行平均。具体平均办法为：以个人取得的一次性经济补偿收入，除以个人在本企业的工作年限数，以其商数作为个人的月工资、薪金收入，按照税法规定计算缴纳个人所得税。个人在本企业的工作年限数按实际工作年限数计算，超过 12 年的按 12 年计算。

可以看出，国税发〔1999〕178 号文实际上只是规定了一种计算方法，这个方法基本上没有什么优惠。

然而，在当时的经济环境中，被解除劳动合同的大多都是弱势群体，这个政策并没有体现对这些弱势群体的照顾。

于是国家税务总局又发布了《关于国有企业职工因解除劳动合同取得一次性补偿收入征免个人所得税问题的通知》（国税发〔2000〕77号），主要内容是：

（1）对国有企业职工，因企业依照《中华人民共和国企业破产法（试行）》宣告破产，从破产企业取得的一次性安置费收入，免予征收个人所得税。

（2）除上述第一条的规定外，国有企业职工与企业解除劳动合同取得的一次性补偿收入，在当地上年企业职工年平均工资的3倍数额内，可免征个人所得税。具体免征标准由各省、自治区、直辖市和计划单列市地方税务局规定。超过该标准的一次性补偿收入，应按照国税发〔1999〕178号文件的有关规定，全额计算征收个人所得税。

综合国税发〔2000〕77号和国税发〔1999〕178号，对国有企业职工被解除劳动合同之后获得的一次性补偿收入，计算纳税时的扣除额（当地上年企业职工年平均工资的3倍数额）是很重要的，是个非常大的优惠。

但很明显，给了国企员工如此大的优惠，对非国有企业员工却不公平。

于是，就有了《财政部 国家税务总局关于个人与用人单位解除劳动关系取得的一次性补偿收入征免个人所得税问题的通知》（财税〔2001〕157号），主要内容就是将上述两个文件的综合优惠政策扩展到"企业、事业单位、机关、社会团体等用人单位"。包括外资企业的员工在内，也可享受。

2.计算方法

从以上三个文件可以看出，关于"离职补偿金"并没有规定一个专用公式，计算方法散布于几个文件中。实际上，其计算公式就是：

｛〔（一次性补偿收入－当地上年职工平均工资×3）/个人在本企业的工作年限数〕×税率－速算扣除数｝×个人在本企业的工作年限数

其中：

"一次性补偿收入"包括：用人单位发放的经济补偿金、生活补助费和其他补助费用；

"当地上年职工平均工资"以当地政府发布的公开数据为准（一般是地市级政府发布）；

"个人在本企业的工作年限数"按实际工作年限数计算，超过 12 年的按 12 年计算；

用具体步骤解释一下，这个计算方法就是：

第一步：扣除当地政府发布的"上年职工平均工资"的 3 倍；

第二步：除以个人在企业的实际工作年限（不超过 12 年）；

第三步：完全按照一个月工资的算法单独计算税款；

第四步：乘以实际工作年限（事实上就是"进行平均"的意思）。

具体如下图所示：

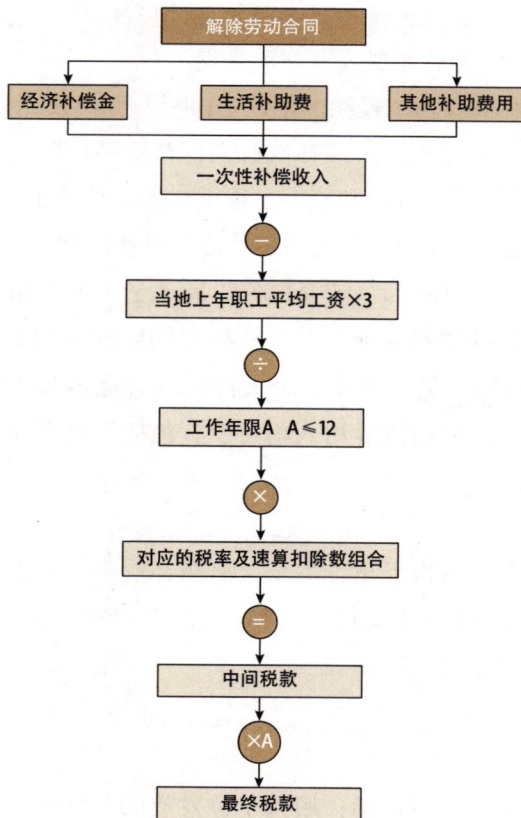

扫码后输入
"图39"，可
获取本图。

3. 实务要点

这个计算方法在实务应用时有三点需要注意：

（1）注意和"年终奖"的算法区分开，二者没有任何关系。

（2）本算法与当月工资发放也没有任何关系，既不合并，也没有任何牵连影响。

（3）员工再任职怎么办？

如果员工当月解除合同，当月又找到工作，肯定也有工资薪金所得，应该如何处理？

这一点在国税发〔1999〕178号文件里进行了明确规定：个人在解除劳动合同后又再次任职、受雇的，对个人已缴纳个人所得税的一次性经济补偿收入，不再与再次任职、受雇的工资、薪金所得合并计算补偿个人所得税。

而且，这里所说的"再次任职、受雇"并没有限制一定是在另外一家企业，应该也包括本企业。如果员工本月刚离职，下月又再次和公司签订合同（返聘或再聘），已经按照本算法计算的一次性经济补偿收入不需要重新调整计算税款。

三、新规定

将解除劳动合同一次性补偿金按个人在本企业的工作年限数进行平均计算的方式取消，将当地上年职工平均工资3倍以内免税额平移，在当地（工作地所在设区城市）上一年度职工平均工资3倍数额以内的部分，免征个人所得税；对超过3倍以上的收入，不并入当年综合所得，而是单独适用综合所得税率表。

注意：这里适用的税率表是综合所得的年度税率表，不是月度税率表。

四、新旧规定的实务比较

1. 原算法取消，不再按照实际工作年限平摊，客观上相当于12个月份内平摊，优惠力度不减。

2. 单独计算，适用综合所得的年度税率表。

第五节　提前退休的补贴收入

一、旧规定

提前退休，是指未到正常退休年龄而提前办理退休手续。

提前退休取得的补贴收入，在办理提前退休手续到法定退休年龄之间按月份平均分摊计算纳税，这点非常容易理解，就是除以剩余的月份，当作一个月的工资计算税款，然后再把月份乘回来，文件依据是《关于个人提前退休取得补贴收入个人所得税问题的公告》（国家税务总局公告〔2011〕第6号），具体公式如下：

应纳税额＝{［（一次性补贴收入 ÷ 办理提前退休手续至法定退休年龄的实际月份数）－费用扣除标准］× 适用税率－速算扣除数}× 提前办理退休手续至法定退休年龄的实际月份数。

因为这就是一个在剩余月份之间平均分摊计算税款的公式，比较简单，不再赘述。

二、新规定

个人办理提前退休手续而取得的一次性补贴收入，应按照办理提前退休手续至法定离退休年龄之间实际年度数平均分摊，确定适用税率和速算扣除数，单独适用综合所得税率表，计算纳税。计算公式：

应纳税额＝{［（一次性补贴收入 ÷ 办理提前退休手续至法定退休年龄的实际年度数）－费用扣除标准］× 适用税率－速算扣除数}× 办理提前退休手续至法定退休年龄的实际年度数

三、新旧规定的实务比较

1. 分摊期间不再按月度划分，而是按年度划分。
2. 适用税率，改为采用综合所得的年度税率表。费用扣除标准亦然。

第六节　内部退养的一次性收入

一、旧规定

内部退养补贴的算法有点独特。《国家税务总局关于个人所得税有关政策问题的通知》（国税发〔1999〕58号）第一条规定：

个人在办理内部退养手续后从原任职单位取得的一次性收入，应按办理内部退养手续后至法定离退休年龄之间的所属月份进行平均，并与领取当月的"工资、薪金"所得合并后减除当月费用扣除标准，以余额为基数确定适用税率，再将当月工资、薪金加上取得的一次性收入，减去费用扣除标准，按适用税率计征个人所得税。

就是将一次性收入先在各月之间平均，再加上当月工资，找出对应的税率，然后再按一次性收入的总数（注意：是总数！）加上工资按找到的税率去计算。计算过程如下图所示：

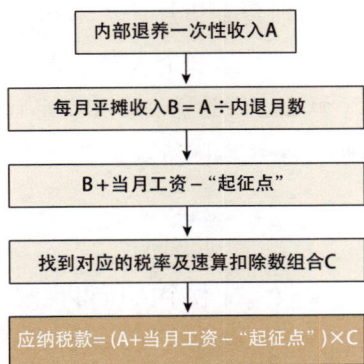

内部退养一次性收入A

↓

每月平摊收入B＝A÷内退月数

↓

B＋当月工资－"起征点"

↓

找到对应的税率及速算扣除数组合C

↓

应纳税款＝(A＋当月工资－"起征点")×C

扫码后输入"图40"，可获取本图。

二、新规定

不变。完全照搬。

这部分不多阐述，估计会有新的口径进行解释。否则，不利于综合所得的预扣预缴和汇算清缴，给实际操作带来一定麻烦。即使没有，也会在个人所得税的扣缴客户端进行算法上的明确。

第七节 保险代理人和证券经纪人的佣金

一、旧规定

保险代理人和证券经纪人的佣金都被认定为劳务报酬所得，由于其成本组成比较特别，其中包含了"展业成本"，因此税法规定了这两类职业的展业成本可以从佣金收入中扣除，具体比例有个小小的调整，调整后是收入额减去附加税费后余额的40%。

文件依据分别是：

1. 保险营销员的佣金

《国家税务总局关于保险营销员取得佣金收入征免个人所得税问题的通知》（国税函〔2006〕454号）：

根据保监会《关于明确保险营销员佣金构成的通知》（保监发〔2006〕48号）的规定，保险营销员的佣金由展业成本和劳务报酬构成。按照税法规定，对佣金中的展业成本，不征收个人所得税；对劳务报酬部分，扣除实际缴纳的营业税金及附加后，依照税法有关规定计算征收个人所得税。

根据目前保险营销员展业的实际情况，佣金中展业成本的比例暂定为40%。

2. 证券经纪人的佣金

《关于证券经纪人佣金收入征收个人所得税问题的公告》（国家税务总局公告〔2012〕45号）

（1）根据《中华人民共和国个人所得税法》及其实施条例规定，证券经纪人从证券公司取得的佣金收入，应按照"劳务报酬所得"项目缴纳个人所得税。

（2）证券经纪人佣金收入由展业成本和劳务报酬构成，对展业成本部分不征收个人所得税。根据目前实际情况，证券经纪人展业成本的比例暂

定为每次收入额的 **40%**。

（3）证券经纪人以一个月内取得的佣金收入为一次收入，其每次收入先减去实际缴纳的营业税及附加，再减去本公告第二条规定的展业成本，余额按个人所得税法规定计算缴纳个人所得税。

3. "营改增" 后的调整文件

《国家税务总局关于个人保险代理人税收征管有关问题的公告》（国家税务总局公告〔2016〕45号）：

个人保险代理人以其取得的佣金、奖励和劳务费等相关收入（以下简称"佣金收入"，不含增值税）减去地方税费附加及展业成本，按照规定计算个人所得税。

展业成本，为佣金收入减去地方税费附加余额的 **40%**。

……

本公告所称个人保险代理人，是指根据保险企业的委托，在保险企业授权范围内代为办理保险业务的自然人，不包括个体工商户。

证券经纪人、信用卡和旅游等行业的个人代理人比照上述规定执行。信用卡、旅游等行业的个人代理人计算个人所得税时，不执行本公告第二条有关展业成本的规定。

个人保险代理人和证券经纪人其他个人所得税问题，按照以上两个文件执行。

实务要点：

（1）保险营销员和证券经纪人的佣金都是劳务报酬所得。

（2）保险代理人就是保险营销员。保险营销员的个人所得税规章中的保监发〔2006〕48号文件依据的是《保险营销员管理规定》（保监会令〔2006〕3号，以下简称"3号文"），但3号文已经被《保险销售从业人员监管办法》（保监会令2013年第2号，以下简称"2号文"）所废止，而2号文又在2018年7月20日公开的《保险代理人监管规定（征求意见稿）》第一百二十三条中被废止，成书之时这一征求意见稿并未成文，但不影响结论。下一步，相关文件可能会被废止，以保持前后一致。

（3）在计算劳务报酬的个人所得税前需要减掉实际缴纳的营业税及地

方税费附加，"营改增"后，增值税属于价外税，本就不在其中，只需要减去城市维护建设税、教育费附加及地方教育附加费等税费。

（4）扣除的展业成本是佣金收入减去上述税费后余额的 40%。注意这里有个小小的调整，以前扣除的展业成本是收入额的 40%，并未提减除税费部分，〔2016〕45 号公告对其进行了调整。

（5）劳务报酬所得本身的费用扣除标准（4000 元以下扣 800 元，4000 元以上扣 20%）仍然可以适用。

（6）因此最终的应纳税所得额是：（收入 – 税费）× 60% × 80%，或者（收入 – 税费）× 60% – 800。

二、新规定

保险营销员、证券经纪人取得的佣金收入，属于劳务报酬所得，以不含增值税的收入减除 20% 的费用后的余额为收入额，收入额减去展业成本以及附加税费后，并入当年综合所得，计算缴纳个人所得税。保险营销员、证券经纪人展业成本按照收入额的 25% 计算。

扣缴义务人向保险营销员、证券经纪人支付佣金收入时，按照累计预扣法计算预扣税款。

三、新旧规定的实务比较

1. 展业成本的比例变了

旧规定的展业成本扣除比例是 40%，新规定的比例是 25%。但考虑到新税法下劳务报酬所得的 20% 扣除，再加上每年 6 万元和"三险一金"，比改革前总体上仍是减税的。

2. 展业成本的计算基数变了

旧规定下，保险营销员的展业成本计算基数是佣金收入，后来保险代理人的展业成本计算基数调整为：不含增值税的佣金收入减去地方税费附加余额。证券经纪人参照执行。

新规定下，这个基数调整为：不含增值税的佣金收入减除 20% 的费用后的余额。

3. 适用税率变了

旧规定下，这几种佣金收入都按劳务报酬所得征税，适用 20%—40% 的税率。新规定下，也是按劳务报酬所得征税，适用 3%—45% 的综合所得税率。

4. 扣缴方式变了且很特别

新规定下，在预扣预缴这部分税款时，按照"累计预扣法"计算预扣税款。这种方式既与旧规定的直接扣缴不同，与新法下的普通劳务报酬预扣预缴算法也不同，需要特别留意。下一步，有可能进一步明确具体规定。

第八节　领取企业年金职业年金

一、概述

根据《财政部　人力资源社会保障部　国家税务总局关于企业年金职业年金个人所得税有关问题的通知》（财税〔2013〕103号）的规定，个人领取企业年金、职业年金时的政策规定如下：

1. 个人达到国家规定的退休年龄，按月领取的年金，全额按照"工资、薪金所得"项目适用的税率，计征个人所得税；按年或按季领取的年金，平均分摊计入各月，每月领取额全额按照"工资、薪金所得"项目适用的税率，计征个人所得税。

2. 对单位和个人在该文件实施之前开始缴付年金缴费，个人在该文件实施之后领取年金的，允许其从领取的年金中减除在本通知实施之前缴付的年金单位缴费和个人缴费且已经缴纳个人所得税的部分，就其余额征税。在个人分期领取年金的情况下，可按本通知实施之前缴付的年金缴费金额占全部缴费金额的百分比减计当期的应纳税所得额，减计后的余额，计算缴纳个人所得税。

3. 对个人因出境定居而一次性领取的年金个人账户资金，或个人死亡后，其指定的受益人或法定继承人一次性领取的年金个人账户余额，允许领取人将一次性领取的年金个人账户资金或余额按 12 个月分摊到各月，就其每月分摊额，计算缴纳个人所得税。对个人除上述特殊原因外一次性领取年金个人账户资金或余额的，则不允许采取分摊的方法，而是就其一次性领取的总额，单独作为一个月的工资薪金所得，计算缴纳个人所得税。

二、新规定

个人达到国家规定的退休年龄，领取的企业年金、职业年金，符合财税〔2013〕103 号文件规定的，不并入综合所得，全额单独计算应纳税款。其中按月领取的，适用月度税率表计算纳税；按季领取的，平均分摊计入各月，按每月领取额适用月度税率表计算纳税；按年领取的，适用综合所得税率表计算纳税。

个人因出境定居而一次性领取的年金个人账户资金，或个人死亡后，其指定的受益人或法定继承人一次性领取的年金个人账户余额，适用综合所得税率表计算纳税。对个人除上述特殊原因外一次性领取年金个人账户资金或余额的，适用月度税率表计算纳税。

三、新旧规定的实务比较

详见下表：

扫码后输入"表10"，可获取本表。

领取方式	旧规定	新规定
退休后按月领取	全额计算	单独按月度税率表计算
退休后按季领取	分摊计入各月全额计算	平均分摊，单独按月度税率表计算
退休后按年领取	分摊计入各月全额计算	单独按年度税率表计算
因出境定居或死亡而一次性领取	按12个月分摊计入各月计算	单独按年度税率表计算
其他原因一次性领取	按领取总额单独作为1个月计算	单独按月度税率表计算

第九节　股权激励

一、概述

股权激励是指雇主通过股权的形式给员工发放福利以作为激励,其所得本质就是工资薪金所得,只是这笔工资薪金所得是以股权或者股权差价的形式来体现的。这个差价就是员工获取股权付出的对价(成本)和这部分股权市场公平价之间的差价。

个人所得税中的股权激励根据股权所属公司性质不同被分为两大部分:非上市公司的股权激励和上市公司的股权激励,具体划分如下图所示:

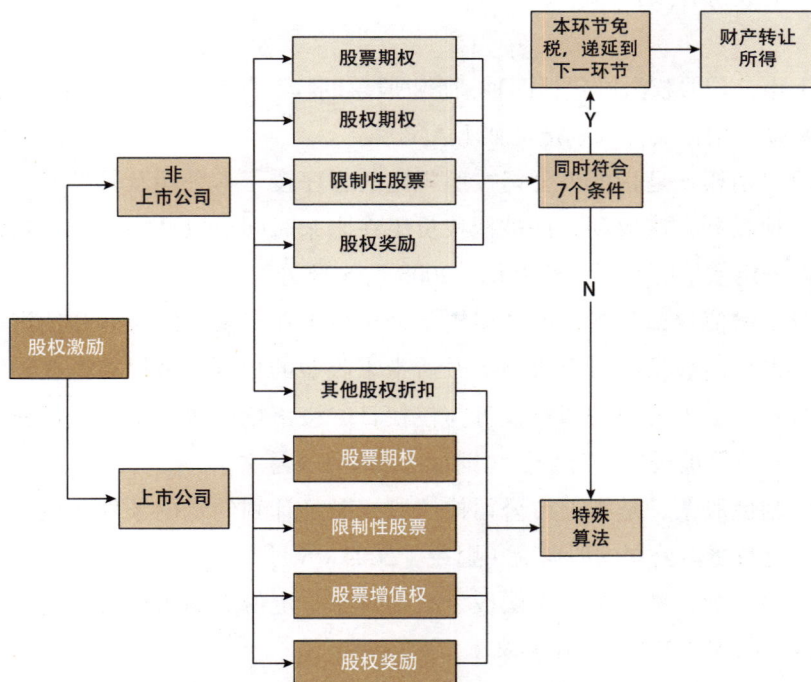

扫码后输入"图41",可获取本图。

二、各种定义

1. 上市公司股权激励

（1）要求激励的股权是上市公司的股票，既包括境内上市公司，也包括境外上市公司。这一点在国税函〔2006〕902号文和财税〔2009〕5号文里都有明确规定。

（2）授予对象既包括上市公司本身的员工，也包括上市公司控股的公司员工。对于"控股公司"，本来是有具体范围规定的，但是在非上市公司股权激励递延纳税的优惠政策（财税〔2016〕101号文）出台后，上市公司股权激励的特殊算法反而成为一种兜底算法，因此这一具体范围规定已经失去实际意义，在此不再赘述。

（3）境内上市公司是指其股票在上海证券交易所、深圳证券交易所上市交易的股份有限公司。

2. 上市公司股权激励的四种情形

上市公司股权激励包括四种情形：股票期权、股票增值权、限制性股票、股权奖励。根据文件分别定义如下：

股票期权，是指上市公司按照规定的程序授予本公司及其控股企业员工的一项权利，该权利允许被授权员工在未来时间内以某一特定价格购买本公司一定数量的股票。（财税〔2005〕35号文）

股票增值权，是指上市公司授予公司员工在未来一定时期和约定条件下，获得规定数量的股票价格上升所带来收益的权利。被授权人在约定条件下行权，上市公司按照行权日与授权日二级市场股票差价乘以授权股票数量，发放给被授权人现金。（财税〔2009〕5号文）

限制性股票，是指上市公司按照股权激励计划约定的条件，授予公司员工一定数量本公司的股票。（财税〔2009〕5号文）

股权奖励，是指企业无偿授予激励对象一定份额的股权或一定数量的股份。（财税〔2016〕101号文）

3. 非上市公司股权激励的五种情形

股票期权和股权期权，是指公司给予激励对象在一定期限内以事先约定的价格购买本公司股票（权）的权利。

限制性股票，是指公司按照预先确定的条件授予激励对象一定数量的本公司股权，激励对象只有工作年限或业绩目标符合股权激励计划规定条件的才可以处置该股权。

股权奖励，是指企业无偿授予激励对象一定份额的股权或一定数量的股份。

以上定义均依照财税〔2016〕101号文。

其他股权折扣，是指公司向其雇员发放（内部职工）认股权证，并承诺雇员在公司达到一定工作年限或满足其他条件，可凭该认股权证按事先约定价格（一般低于当期股票发行价格或市场价格）认购公司股票；或者向达到一定工作年限或满足其他条件的雇员，按当期市场价格的一定折价转让本企业持有的其他公司（包括外国公司）的股票等有价证券；或者按一定比例为该雇员负担其进行股票等有价证券的投资。这个定义依据的是国税发〔1998〕9号文件，概括了好几种形式：

（1）向雇员发放认股权证；

（2）允许雇员折价转让雇主持有的有价证券；

（3）帮助雇员支付部分股权购买款。

其他股权折扣和另外四种情形有部分重叠之处，实务中注意作为兜底情形即可。国税发〔1998〕9号文已废止，但实务情形仍在。

三、旧规定

1. 非上市公司激励递延纳税的特殊规定

《关于完善股权激励和技术入股有关所得税政策的通知》（财税〔2016〕101号文）规定了非上市公司股权激励可以不用在取得的时候缴纳，而且也不按"工资薪金所得"计算税款，直接在转让股权时适用"财产转让所得"税目。具体规定是：

非上市公司授予本公司员工的股票期权、股权期权、限制性股票和股权奖励，符合规定条件的，经向主管税务机关备案，可实行递延纳税政策，即员工在取得股权激励时可暂不纳税，递延至转让该股权时纳税；股权转让时，按照股权转让收入减除股权取得成本以及合理税费后的差额，适用"财产转让所得"项目，按照20%的税率计算缴纳个人所得税。

这段话的意思就是非上市公司给员工的四种激励可以在转让时缴纳，虽然文件对于可以递延的激励是不是"工资薪金所得"没有明确指出，但是从计算方法上看，已经实质上变成了"财产转让所得"，一般情况下税负明显下降。

财税〔2016〕101号文规定了递延纳税必须同时符合七个条件：

（1）属于境内居民企业的股权激励计划。

（2）股权激励计划经公司董事会、股东（大）会审议通过。未设股东（大）会的国有单位，经上级主管部门审核批准。股权激励计划应列明激励目的、对象、标的、有效期、各类价格的确定方法、激励对象获取权益的条件、程序等。

（3）激励标的应为境内居民企业的本公司股权。股权奖励的标的可以是技术成果投资入股到其他境内居民企业所取得的股权。激励标的股票（权）包括通过增发、大股东直接让渡以及法律法规允许的其他合理方式授予激励对象的股票（权）。

（4）激励对象应为公司董事会或股东（大）会决定的技术骨干和高级管理人员，激励对象人数累计不得超过本公司最近6个月在职职工平均人数的30%。

（5）股票（权）期权自授予日起应持有满3年，且自行权日起持有满1年；限制性股票自授予日起应持有满3年，且解禁后持有满1年；股权奖励自获得奖励之日起应持有满3年。上述时间条件须在股权激励计划中列明。

（6）股票（权）期权自授予日至行权日的时间不得超过10年。

（7）实施股权奖励的公司及其奖励股权标的的公司所属行业均不属于《股权奖励税收优惠政策限制性行业目录》范围（见文件附件，本书略）。公司所属行业按公司上一纳税年度主营业务收入占比最高的行业确定。

这七个条件中有两个地方需要特别注意，都是与股权奖励有关的，一是股权奖励的标的不限于本公司股权，二是实施股权奖励的公司及标的公司的行业有政策限制。

2. 非上市公司不符合递延纳税条件的激励以及上市公司激励的特殊算法

非上市公司不符合递延纳税条件的股权激励，都参照上市公司股权激励的特殊算法，即：认定为工资薪金所得，可以区别于当月工资，单独适用公式进行计算。

（1）特殊算法

特殊算法的计算过程如下图所示：

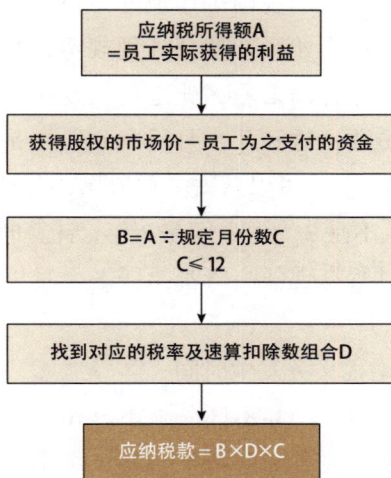

扫码后输入"图42"，可获取本图。

第一步：应纳税所得额＝获得股权的市场价—员工为之支付的资金

请注意：这不是一个规范的文件中出现的公式，而是本书为了明确地表达各个公式的基本含义总结出的一个公式，这个公式可以涵盖各种股权激励形式的实质内容，也能够帮助您快速地理解各种具体计算公式的含义。

第二步：应纳税额＝（应纳税所得额／规定月份数 × 适用税率 – 速算扣除数）× 规定月份数

这个公式有四个地方需要注意：

① 公式来自于财税〔2005〕35 号文第四条第一款的规定。

② 公式里的"规定月份数"，是指员工取得来源于中国境内的股权激励的境内工作期间月份数，基本含义就是境内工作期间，既然是"境内"工作期间，意思自然就是"境外"工作期间需要剔除掉。

109

③ "规定月份数"长于 12 个月的，按 12 个月计算，也就是说最高不得超过 12 个月。

④ 注意不要将 "规定月份数"和 "实施月份数"混淆。上市公司股权激励经常针对的是未来 N 个月的股票，所以会把这 N 个月当作 "规定月份数"，这是不准确的。关于这个 "规定月份数"，财税〔2005〕35 号文有两处界定，"上款公式中的规定月份数，是指员工取得来源于中国境内的股票期权形式工资薪金所得的境内工作期间月份数"和 "该境内、外工作期间月份总数是指员工按企业股票期权计划规定，在可行权以前须履行工作义务的月份总数"。综合起来看，就是员工要想拿到上市公司股权激励必须在境内履职的月份数，这和几个月后拿到股票是有差别的。例如，公司规定工作 3 年以上的高管，可以获得公司股票 3 个月以后的股票增值权，那么这个规定月份数就不是 3 个月，而是 3 年，计算时适用 12 个月！当然，如果公司没有约定，对所有现任高管都给予 3 个月以后的股票增值权，那么规定月份数就是 3 个月。

（2）各种形式的纳税义务发生时间

在纳税义务发生时间上，并不区分上市公司或者非上市公司，只需要把握两个原则：一是纳税人实际获得了利益；二是在法律上实现了所有权或实际有所得的控制权。具体区分见下图所示：

扫码后输入 "图43"，可获取本图。

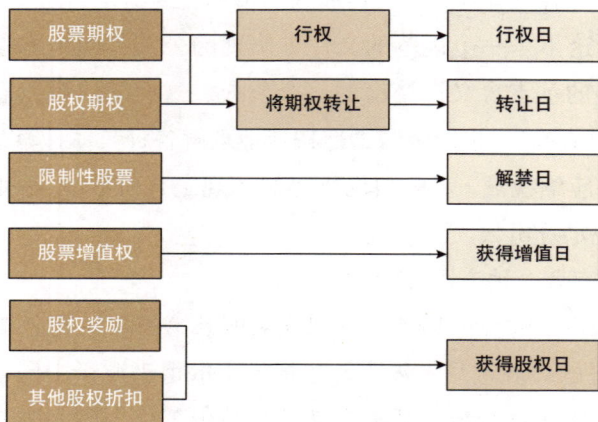

（3）各种形式的应纳税所得额的计算

如上文所述，股权激励的应纳税所得额 = 获得股权的市场价 - 员工为之支付的资金，这是一个基本原则。

但具体在各种形式上，还是有所区别，具体如下：

① 限制性股票

上市公司的限制性股票的应纳税所得额 =（股票登记日股票市价 + 本批次解禁股票当日市价）÷ 2 × 本批次解禁股票份数 - 被激励对象实际支付的资金总额 ×（本批次解禁股票份数 ÷ 被激励对象获取的限制性股票总份数）

限制性股票的应纳税所得额计算遵循市价减去成本的原则，但是对市价的认定却有特别规定，不以解禁当日市价为准，而是取了登记日市价和解禁日市价的平均数。这是一个很特殊的规定，需要注意。

② 股票增值权

股票增值权的应纳税所得额 =（行权日股票价格 - 授权日股票价格）× 行权股票份数。

注意：股票增值权其实就是现金，所以授权日价格并不是员工真实支付的，只是一个计算依据。

③ 其他

其他形式的股权激励应纳税所得额 =（行权股票的每股市场价 - 员工取得该股票期权支付的每股施权价）× 股票数量

其中，如果是股权奖励，则员工支付价格为 0。

（4）发生多次股权激励的算法

首先，股权激励以一个月内取得的股权激励为一次，一年内多次取得的要累加计算。即是说，一个月内如果多次取得股权激励，则应该汇总起来当作一次取得的一起计算税款，如果一年中已经取得了一次，那么再计算后面税款时要和已经取得的进行累加计算。

应纳税款 =（本纳税年度内取得的股权激励累计应纳税所得额 ÷ 规定月份数 × 适用税率 - 速算扣除数）× 规定月份数 - 本纳税年度内股权激励累计已纳税款

这个公式其实就是一年内进行累加计算的概念，其适用有两个前提：一是必须在一个纳税年度之内，二是多次取得对应的"规定月份数"相同，在实务中基本上就是一次股权激励在年内多次兑现。

同样的，规定月份数不得超过 12 个月。

其次，多次取得股权激励"规定月份数"不同的，其他不变，将"规定月份数"进行加权平均计算。具体公式是：

规定月份数 = 各次或各项股权激励应纳税所得额与该次或该项所得境内工作期间月份数的乘积 / 各次或各项股权激励应纳税所得额

当然，加权后的规定月份数也不能超过 12 个月。

（5）优惠纳税政策

由于股权激励未实际获得现金，可能会存在纳税困难的问题，财税〔2016〕101 号文件里进行了明确：

上市公司授予个人的股票期权、限制性股票和股权奖励，经向主管税务机关备案，个人可自股票期权行权、限制性股票解禁或取得股权奖励之日起，在不超过 12 个月的期限内缴纳个人所得税。

这里的优惠并不涉及股票增值权，还是因为股票增值权其实就是现金、不存在缴纳困难的问题。

非上市公司的股权激励呢？国税发〔1998〕9 号文中也规定了配套的优惠政策：

个人认购股票等有价证券而从雇主取得的折扣或补贴，在计算缴纳个人所得税时，因一次收入较多，全部计入当月工资、薪金所得计算缴纳个人所得税有困难的，可自其实际认购股票等有价证券的当月起，在不超过 6 个月的期限内平均分月计入工资、薪金所得计算缴纳个人所得税。

6 个月平均计入的政策，因为平均分月计入工资薪金所得的这种算法在财税〔2016〕101 号文实施之后已经不存在了，该申报优惠政策也无存在意义。

因此，仅有上市公司的三种股权激励才有延迟申报的优惠。

四、新规定

规定了过渡三年的新算法：

居民个人取得股权激励，不享受递延纳税政策的，在 2021 年 12 月 31 日前，不并入当年综合所得，全额单独适用综合所得税率表计算纳税。计算公式为：

应纳税额 = 股权激励收入 × 适用税率 − 速算扣除数

居民个人一个纳税年度内取得两次以上（含两次）股权激励的，合并计算。

2022 年 1 月 1 日之后的股权激励政策另行明确。

五、新旧规定的实务比较

1. 取消了规定月份数的规定，直接单独按照综合所得税率表（年度表）计算税款。

2. 相应的分摊、加权之类的设置都相应失效，直接按全年的股权激励收入计算税款。

第十节 外籍人员有关津补贴

一、现行外籍人员免税补贴政策

关于外籍个人在境内工作取得的费用补贴，涉及 8 项补贴，一直以来是外资企业和外籍纳税人关注的焦点。

1. 现行文件规定

虽然外籍个人费用补贴重要程度很高，但事实上相关的文件规定并不多，直接进行规定的其实只有 4 个文件。

起源是《财政部 国家税务总局关于个人所得税若干政策问题的通知》（财税字〔1994〕20 号），该文规定下列所得"暂免征收个人所得税"：

（1）外籍个人以非现金形式或实报实销形式取得的住房补贴、伙食补贴、搬迁费、洗衣费。

（2）外籍个人按合理标准取得的境内、外出差补贴。

（3）外籍个人取得的探亲费、语言训练费、子女教育费等，经当地税务机关审核批准为合理的部分。

后来，《国家税务总局关于外籍个人取得有关补贴征免个人所得税执行问题的通知》（国税发〔1997〕54号）就财税字〔1994〕20号文的上述规定在执行时的具体界定及管理问题进行了明确：

（1）对外籍个人以非现金形式或实报实销形式取得的合理的住房补贴、伙食补贴和洗衣费免征个人所得税，应由纳税人在初次取得上述补贴或上述补贴数额、支付方式发生变化的月份的次月进行工资薪金所得纳税申报时，向主管税务机关提供上述补贴的有效凭证，由主管税务机关核准确认免税。

（2）对外籍个人因到中国任职或离职，以实报实销形式取得的搬迁收入免征个人所得税，应由纳税人提供有效凭证，由主管税务机关审核认定，就其合理的部分免税。外商投资企业和外国企业在中国境内的机构、场所，以搬迁费名义每月或定期向其外籍雇员支付的费用，应计入工资薪金所得征收个人所得税。

（3）对外籍个人按合理标准取得的境内、外出差补贴免征个人所得税，应由纳税人提供出差的交通费、住宿费凭证（复印件）或企业安排出差的有关计划，由主管税务机关确认免税。

（4）对外籍个人取得的探亲费免征个人所得税，应由纳税人提供探亲的交通支出凭证（复印件），由主管税务机关审核，对其实际用于本人探亲，且每年探亲的次数和支付的标准合理的部分给予免税。

（5）对外籍个人取得的语言培训费和子女教育费补贴免征个人所得税，应由纳税人提供在中国境内接受上述教育的支出凭证和期限证明材料，由主管税务机关审核，对其在中国境内接受语言培训以及子女在中国境内接受教育取得的语言培训费和子女教育费补贴，且在合理数额内的部分免予纳税。

对国税发〔1997〕54号文规定的"每年探亲的次数和支付的标准合理的部分"，《国家税务总局关于外籍个人取得的探亲费免征个人所得税有关执行标准问题的通知》（国税函〔2001〕336号）予以了进一步明确：

可以享受免征个人所得税优惠待遇的探亲费，仅限于外籍个人在我国的受雇地与其家庭所在地（包括配偶或父母居住地）之间搭乘交通工具且每年不超过 2 次的费用。

此外，对外籍人员在港澳地区取得的相关补贴，有特别的规定《财政部 国家税务总局关于外籍个人取得港澳地区住房等补贴征免个人所得税的通知》（财税〔2004〕29 号）：

（1）受雇于我国境内企业的外籍个人（不包括香港澳门居民个人），因家庭等原因居住在香港、澳门，每个工作日往返于内地与香港、澳门等地区，由此境内企业（包括其关联企业）给予在香港或澳门住房、伙食、洗衣、搬迁等非现金形式或实报实销形式的补贴，凡能提供有效凭证的，经主管税务机关审核确认后，可以依照……（财税字〔1994〕20 号）第二条以及……（国税发〔1997〕54 号）第一条、第二条的规定，免予征收个人所得税。

（2）第一条所述外籍个人就其在香港或澳门进行语言培训、子女教育而取得的费用补贴，凡能提供有效支出凭证等材料的，经主管税务机关审核确认为合理的部分，可以依照财税字〔1994〕20 号通知第二条以及国税发〔1997〕54 号通知第五条的规定，免予征收个人所得税。

以上四个文件是关于外籍个人费用补贴的所有实体规定上的文件，程序上相关的规定只有一条，那就是《国家税务总局关于取消及下放外商投资企业和外国企业以及外籍个人若干税务行政审批项目的后续管理问题的通知》（国税发〔2004〕80 号）第十四条：

取消外籍个人住房、伙食等补贴免征个人所得税审批的后续管理。根据……的规定，外籍个人以非现金或实报实销形式取得的住房补贴、伙食补贴、洗衣费、搬迁费、出差补贴、探亲费、语言训练费、子女教育费等补贴，由纳税人提供有关凭证，主管税务机关核准后给予免征个人所得税。取消上述核准后，外籍个人取得上述补贴收入，在申报缴纳或代扣代缴个人所得税时，应按国税发〔1997〕54 号的规定提供有关有效凭证及证明资料。主管税务机关应按照国税发〔1997〕54 号的要求，就纳税人或代扣代缴义务人申报的有关补贴收入逐项审核。对其中有关凭证及证明资料，不能证明其上述免税补贴的合理性的，主管税务机关应要求纳税人或代扣代缴义务人在限定的时间内，重新提供证明材料。凡未能提供有效凭证及证明资料的补贴收入，主管税务机关有权给予纳税调整。

这一条程序上的规定看起来很复杂，其实核心意思只有一句话：免税审批改成审核。这也是税务管理不断提高效率、转变行政观念的体现。在税务机关的纳税服务水平不断提升之后，实务中以备案待查为主。

2. 实务中的热点问题

纳税人越来越要求税收政策的透明，而以上相关文件定性的多，定量的少，因此实务中有很多问题经常会被问到。

（1）多少算合理？

从文件规定可以看出，"出差补贴""探亲费、语言训练费、子女教育费"规定了只有"合理"的部分才可以免税，而对于"住房补贴、伙食补贴、搬迁费、洗衣费"，虽然文件本身并没有"合理"的限定，但一方面，这四项补贴仅限于"非现金形式或实报实销形式"，另一方面，在取消审批改审核的国税发〔2004〕80号文中，明确规定："对其中有关凭证及证明资料，不能证明其上述免税补贴的合理性的，主管税务机关应要求纳税人或代扣代缴义务人在限定的时间内，重新提供证明材料。凡未能提供有效凭证及证明资料的补贴收入，主管税务机关有权给予纳税调整。"这样一来，对所有的8项补贴，税务机关都要审核其合理性。

那么，纳税人最关心的问题就是：多少是合理的呢？

答案是：税务机关认为是合理的，就是合理的（因为根据上述文件规定，最终判断权在税务机关）；纳税人只要能客观证明是合理的，就是合理的（因为从形式上所有的费用补贴都需要有效凭证来佐证）；与同行业同级别的市场行为基本相符的，就是合理的（这是所有经济活动在税收判断上的共同点）。

（2）为什么没有统一标准呢？

看了"合理性"判断后，大多数人都会提出第二个问题：为什么不能制订相对统一量化的标准呢？这个问题的答案和个人所得税"起征点"的问题、误餐补助的问题比较类似，主要原因还是两个：

第一，统一标准永远是滞后且死板的，且会干扰到纳税人的正常经济活动，最终的效果可能和改变费用扣除标准的效果差不多。

第二，在不对称的信息环境下，为了任何一部分纳税人的需求而统一标准都会造成对更多纳税人的不公平。

（3）家属可以享受吗？

这是实务中比较容易出错的地方，很多人认为搬迁费、伙食补贴等费用的免税也包括外籍人员的家属在内，这种理解是完全错误的！外籍员工家属相关补贴不能免税，而且也不能单独以家属的名义进行申报纳税（除非家属本人也是公司员工），而是应该将相关补贴合并到外籍员工本人的工资薪金所得里面进行申报纳税。

（4）是扣除还是免税？

这是实务中最容易出错的地方，直接影响税款计算的结果。上述 8 项补贴，都是个人的日常花费，不能作为费用在应纳税所得额中扣除，必须通过公司报销或者代为支付这一环节，将花费转化为公司发放给的收入（福利），才能依法享受免税政策优惠，予以免税。如果单位没有报销或者代为支付，则这些补贴不存在免税或扣除的说法。这 8 项补贴，是免税项目，而不是扣除项目！这和居民个人的 6 项专项附加扣除不是一个概念。务必注意！

二、过渡政策

2019 年 1 月 1 日至 2021 年 12 月 31 日这三年期间，外籍个人符合居民个人条件的，可以选择享受个人所得税专项附加扣除，也可以选择按照现行免税补贴政策规定，享受住房补贴、语言训练费、子女教育费等津补贴免税优惠政策，但不得同时享受。外籍个人一经选择，在一个纳税年度内不得变更。

自 2022 年 1 月 1 日起，外籍个人不再享受住房补贴、语言训练费、子女教育费津补贴免税优惠政策，应按规定享受专项附加扣除。

三、新旧政策对比

对于外籍人员，如果成为居民个人，又有综合所得，则会符合子女教育、继续教育、住房贷款利息或住房租金专项附加扣除条件，但是由于现行规章中对于外籍人员的子女教育费、语言培训费及住房补贴已有免税优惠政策，二者之间发生了优惠的竞合。

对应竞合的关系如下表所示：

外籍人员补贴	专项附加扣除
子女教育费	子女教育
语言训练费	继续教育
住房补贴	住房贷款利息 或住房租金

扫码后输入"表11"，可获取本表。

财税〔2018〕164号文的原文规定："外籍个人符合居民个人条件的，可以选择享受个人所得税专项附加扣除，也可以选择享受……津补贴免税优惠政策，但不得同时享受。外籍个人一经选择，在一个纳税年度内不得变更。"这段话可以理解为，符合条件的外籍个人要么选择享受6个专项附加扣除，要么选择享受8个津补贴优惠，一年内这两个领域不发生重合。还有种理解为：对于上表中的竞合部分，符合条件的外籍个人不能同时享受，其他的不竞合部分（赡养老人、大病医疗这2项专项附加扣除，以及洗衣费等5项津补贴）仍然可以同时享受。从文件的表达上看，前一种理解更为贴切，具体操作请以后续文件或者主管税务机关执行口径为准。

第三部分

专项附加扣除实务解析

第一章　总述

这次个人所得税改革在提高基本减除费用标准的基础上增加子女教育、继续教育、大病医疗、住房贷款利息或者住房租金、赡养老人等 6 项专项附加扣除，体现了个人生活和支出的差异性和个性化需求，实现精准减税。这也是与国际惯例接轨的重要体现，英、美、法、加、澳、日等国家，在基本费用扣除基础上，均有教育、医疗等相关专项附加扣除。

根据《个人所得税专项附加扣除暂行办法》（国发〔2018〕41 号，下一章内统称"办法"），专项附加扣除的设置原则是"公平合理、利于民生、简便易行"。基于以上原则，目前的专项附加扣除标准采用了 1 个据实限额（大病医疗）、5 个定额（子女教育、继续教育、住房贷款利息或者住房租金、赡养老人）的方式，尽可能的体现了上述原则，尤其是"简便易行"原则。

第二章　逐项解析

第一节　子女教育

一、办法规定

第五条　纳税人的子女接受全日制学历教育的相关支出，按照每个子女每月 1000 元的标准定额扣除。

学历教育包括义务教育（小学、初中教育）、高中阶段教育（普通高中、中等职业、技工教育）、高等教育（大学专科、大学本科、硕士研究生、博士研究生教育）。

年满 3 岁至小学入学前处于学前教育阶段的子女，按本条第一款规定执行。

第六条　父母可以选择由其中一方按扣除标准的 100% 扣除，也可以选择由双方分别按扣除标准的 50% 扣除，具体扣除方式在一个纳税年度内不能变更。

第七条　纳税人子女在中国境外接受教育的，纳税人应当留存境外学校录取通知书、留学签证等相关教育的证明资料备查。

二、解析

1. 扣除主体

子女教育专项附加扣除的扣除主体是父母。这里的"父母"包括亲生父母、养父母、继父母。如果是未成年人，还包括其监护人。父母可选择分别按扣除标准的 50% 扣除，也可选择由其中一方按扣除标准的 100% 扣除。具体扣除方式一经约定，在一个纳税年度内不得变更。法定监护人不是受教育子女父母的，比照上述原则扣除。如下图所示：

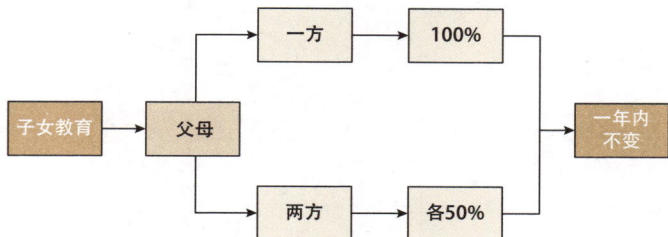

扫码后输入
"图44"，可
获取本图。

注意，实务中可能会出现很多种情况，比如父母离异，比如子女由其他监护人抚养等，整体口径都是很宽松的，因为上述原则还比较清晰——都可以扣，但是要么两方平摊，要么一方扣。实务中可能会出现一种情况：父母离异，孩子归母亲，实际出钱抚养的是父亲，应该由谁来扣？这种处理的原则是父母双方协商，税务机关不会介入这种个性化的家庭情况判断。前提是：一个孩子总额不能超过 1000 元 / 月，扣除人不能超过 2 个。

2. 扣除金额

子女教育支出采用定额的方式，具体定额是每个子女每月 1000 元。这里需要解释一下，个人所得税的法律规章中如果出现了"每月 ** 元"或者"每年 ** 元（每月 ** 元）"，意思就是可能会出现全年的数字，也可能出现不满一年、只有部分月份的数字，这一点在子女教育、继续教育、赡养老人、住房贷款利息、住房租金这几个项目中都有体现。这是因为这些金额可能是从年中开始的，也可能年中结束。比如子女、老人都与年龄条件相关，继续教育、住房贷款利息及住房租金则与实际发生时间相关。唯独大病医疗以及继续教育中的职业资格教育，与月份无关。因此，在计算具体扣除金额时一定要充分考虑条件限制，防止算错。办法的征求意见稿的表述是"每年 ** 元（每月 ** 元）"，终稿中改为"每月 ** 元"，意思都是一样的。

3. 教育阶段范围

子女受教育阶段分为学前教育和学历教育，具体见下图所示：

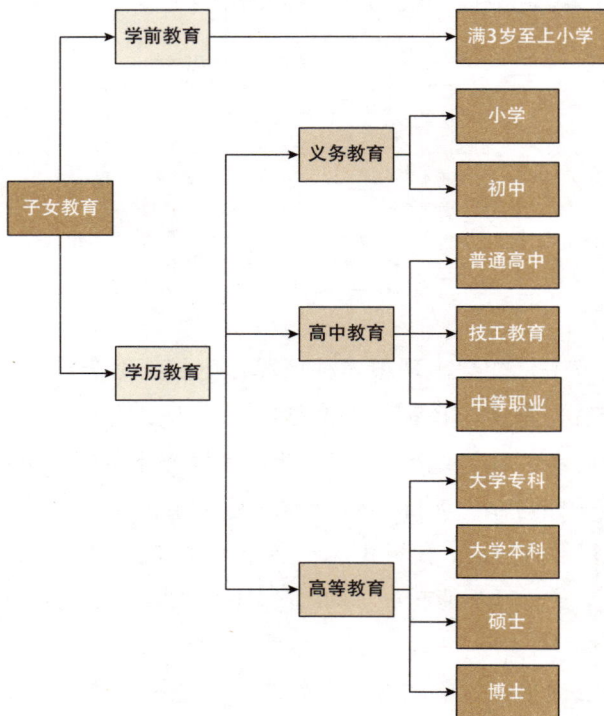

4. 享受扣除的时间

（1）学前教育，满3岁当月可以开始扣除，扣到上小学前一个月；

（2）学历教育，自入学当月开始扣除，扣到全日制学历教育结束的当月。

（3）寒暑假可以连续计算，期间也可享受扣除。

（4）因病休学等，休学期间也可以享受扣除。

（5）两个教育阶段的交界点，比如初中升高中、高中升大学，其中的寒暑假并未被排除在外，仍然是可以扣的，这在填写电子模板的常见问题中进行了明确。但一旦不再进行学历教育，比如高中毕业就不继续读书了，自然也没有寒暑假的说法，应该截止到高中毕业当月。

三、实务要点

1.每个子女都可以扣，上不封顶，理论上有多少孩子都可以扣。

2. 学前教育并不等于幼儿园或者学前班，而是以年龄为起点。注意，学前教育的起点就是满 3 周岁，和我们日常所说的"幼儿园"等学前教育不太一样。也就是说，3 岁之后至小学入学前未进入幼儿园的也纳入扣除范围。主要是学前教育尚在普及过程中，3 岁之后未进入幼儿园的，通常家庭会以多种方式对孩子进行教育并发生费用支出，学前教育阶段扣除不与是否进入幼儿园挂钩。

3. 受教育的终点不以年龄为上限。尽管子女教育支出有起点规定（3 周岁），但是管理办法并未规定学历教育的最高年龄限制，而年龄较大、仍然在读硕士博士的大有人在。因此，理论上讲，只要子女在学历教育阶段，父母就可以享受该项扣除。只是这个范围与子女自己享受继续教育的扣除可能会发生重叠，重叠的时候有新的规定，这一点将在继续教育一节中再详细阐明。

4. 必须是全日制教育。这样就把在职进修或者其他私学之类的排除在外。

5. 博士后属于科研工作岗位，不属于全日制学历教育，一般都有稳定工资收入，未被列入子女教育扣除范围。

6. 教育机构是民办还是公办没有区别。国家对民办教育实行"积极鼓励、大力支持、正确引导、依法管理"的方针，《民办教育促进法》第二十八条规定："民办学校的教师、受教育者与公办学校的教师、受教育者具有同等的法律地位。"管理办法并没有特意规定必须是公办教育，从公平的角度上，对子女接受公办、民办教育同样给予扣除。

7. 子女在境内还是在境外接受教育没有区别。由于采取了定额扣除，其核心在于减轻子女教育负担，所以对子女在境外接受教育的，也统一按相应标准扣除，以体现税制公平。办法中特意列明了境外教育需要提供的资料。

8. 子女也包括非婚生子女、养子女、继子女，即负有赡养义务的所有子女。同理，父母也包括生父母、继父母、养父母，父母之外的其他人担任未成年人的监护人的，"比照执行"。这一点适用于所有专项附加扣除项目，不再赘述。

第二节　继续教育

一、办法规定

第八条　纳税人在中国境内接受学历（学位）继续教育的支出，在学历（学位）教育期间按照每月400元定额扣除。同一学历（学位）继续教育的扣除期限不能超过48个月。纳税人接受技能人员职业资格继续教育、专业技术人员职业资格继续教育的支出，在取得相关证书的当年，按照3600元定额扣除。

第九条　个人接受本科及以下学历（学位）继续教育，符合本办法规定扣除条件的，可以选择由其父母扣除，也可以选择由本人扣除。

第十条　纳税人接受技能人员职业资格继续教育、专业技术人员职业资格继续教育的，应当留存相关证书等资料备查。

二、解析

1. 扣除主体

（1）限于本人。

（2）如果本人作为子女，同一学历（含学位，下同）教育、且在本科及以下的学历部分在父母那里也可享受扣除的，只能二选一。即要么自己作为继续教育进行扣除，要么让父母作为子女教育进行扣除，不能兼得。

2. 扣除金额

继续教育支出采用定额的方式扣除，具体定额分为两种情况：学历教育期间为每月400元，但一个学历扣除不能超过48个月；职业资格教育期间为取得证书的当年3600元，多个证书不加倍，一年封顶3600元。

注意，这里既出现了"每月**元"的表述，又出现了"当年**元"的表述，区别就在于前者按月份计算，后者只能按年计算。如下图所示：

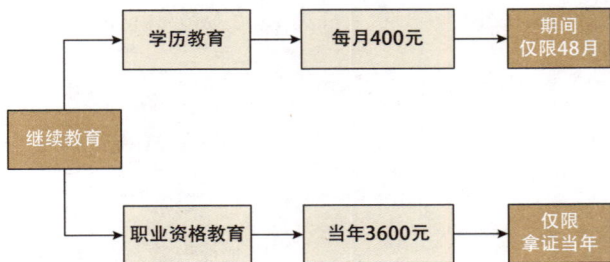

扫码后输入"图46"，可获取本图。

3. 教育阶段范围

继续教育的范围相对比较广泛，具体如下图所示：

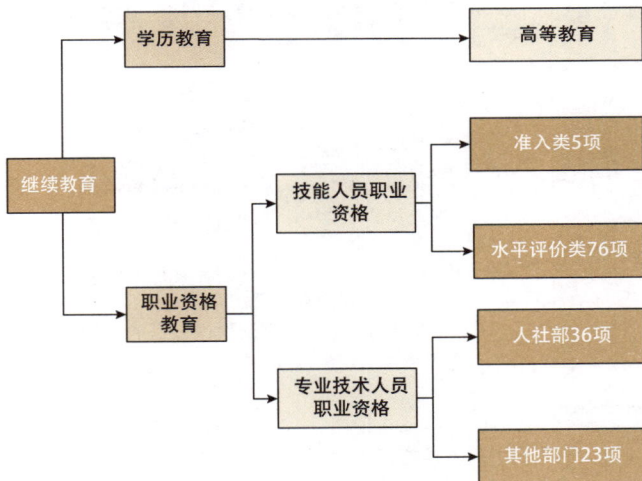

扫码后输入"图47"，可获取本图。

　　学历继续教育和子女教育的学历教育相同，包括义务教育、高中教育和高等教育三阶段。职业资格继续教育包括了技能人员职业资格继续教育、专业技术人员职业资格继续教育。具体说来，目前我国技能人员职业资格共81项，其中准入类5项，水平评价类76项，均由人力资源与社会保障部（"人社部"）负责鉴定和证书的核发与管理；专业技术人员职业资格共59项，其中36项属于人社部参与实施，其余23项由教育部、司法部、财政部等多个部委分头管理。具体根据是《人力资源和社会保障部关于公布国家职业资格目录的通知》（人社部发〔2017〕68号）的国家职业资格目录。

根据人社部发〔2017〕68号文件，技能人员职业资格包括以下81项：

扫码后输入"表12"，可获取本表。

序号	职业资格名称		实施部门（单位）	资格类别
1	消防设施操作员		消防行业技能鉴定机构	准入类
2	焊工		人社部门技能鉴定机构	准入类
			环境保护部（民用核安全设备焊工、焊接操作工）	
3	家畜繁殖员		农业行业技能鉴定机构	准入类
4	健身和娱乐场所服务人员	游泳救生员	体育行业技能鉴定机构	准入类
		社会体育指导员（游泳、滑雪、潜水、攀岩）		
5	轨道交通运输服务人员	轨道列车司机	交通运输行业技能鉴定机构	准入类
			国家铁路局（铁路机车车辆驾驶人员）	
6	机械设备修理人员	设备点检员	冶金行业技能鉴定机构	水平评价类
		电工	安全生产监督管理部门相关机构、人社部门技能鉴定机构	
		锅炉设备检修工	电力行业技能鉴定机构	
		变电设备检修工		
		工程机械维修工	机械行业技能鉴定机构	
7	通用工程机械操作人员	起重装卸机械操作工	交通运输行业技能鉴定机构、人社部门技能鉴定机构	水平评价类
8	建筑安装施工人员	电梯安装维修工	人社部门技能鉴定机构会同有关行业协会	水平评价类
		制冷空调系统安装维修工		

续表

序号	职业资格名称		实施部门（单位）	资格类别
9	土木工程建筑施工人员	筑路工	交通运输行业技能鉴定机构、住房城乡建设部门相关机构	水平评价类
		桥隧工		
		防水工	住房城乡建设部门相关机构、人社部门技能鉴定机构	
		电力电缆安装运维工	电力行业技能鉴定机构	
10	房屋建筑施工人员	砌筑工、混凝土工、钢筋工、架子工	住房城乡建设部门相关机构、人社部门技能鉴定机构	水平评价类
11	水生产、输排和水处理人员	水生产处理工	化工、电力行业技能鉴定机构、住房城乡建设部门相关机构	水平评价类
		工业废水处理工	化工行业技能鉴定机构	
12	气体生产、处理和输送人员	工业气体生产工	化工行业技能鉴定机构	水平评价类
		工业废气治理工	化工、电力行业技能鉴定机构	
		压缩机操作工	化工、煤炭行业技能鉴定机构	
13	电力、热力生产和供应人员	锅炉运行值班员、发电集控值班员、变配电运行值班员、继电保护员	电力行业技能鉴定机构	水平评价类
		燃气轮机值班员		
		锅炉操作工	人社部门技能鉴定机构会同有关行业协会	
14	仪器仪表装配人员	钟表及计时仪器制造工	轻工行业技能鉴定机构	水平评价类
15	电子设备装配调试人员	广电和通信设备电子装接工、广电和通信设备调试工	电子通信行业技能鉴定机构	水平评价类

续表

序号	职业资格名称		实施部门（单位）	资格类别
16	计算机制造人员	计算机及外部设备装配调试员	电子通信行业技能鉴定机构	水平评价类
17	电子器件制造人员	液晶显示器件制造工	电子通信行业技能鉴定机构	水平评价类
		半导体芯片制造工、半导体分立器件和集成电路装调工		
18	电子元件制造人员	电子产品制版工、印制电路制作工	电子通信行业技能鉴定机构	水平评价类
19	电线电缆、光纤光缆及电工器材制造人员	电线电缆制造工	机械行业技能鉴定机构	水平评价类
20	输配电及控制设备制造人员	变压器互感器制造工	机械行业技能鉴定机构	水平评价类
		高低压电器及成套设备装配工		
21	汽车整车制造人员	汽车装调工	机械行业技能鉴定机构	水平评价类
22	医疗器械制品和康复辅具生产人员	矫形器装配工、假肢装配工	民政行业技能鉴定机构	水平评价类
23	金属加工机械制造人员	机床装调维修工	人社部门技能鉴定机构会同有关行业协会	水平评价类
24	工装工具制造加工人员	模具工	人社部门技能鉴定机构会同有关行业协会	水平评价类
25	机械热加工人员	铸造工、锻造工、金属热处理工	人社部门技能鉴定机构会同有关行业协会	水平评价类
26	机械冷加工人员	车工、铣工	人社部门技能鉴定机构会同有关行业协会	水平评价类
		钳工、磨工、冲压工		
		电切削工	机械行业技能鉴定机构、人社部门技能鉴定机构	

续表

序号	职业资格名称		实施部门（单位）	资格类别
27	硬质合金生产人员	硬质合金成型工、硬质合金烧结工、硬质合金精加工工	有色金属行业技能鉴定机构	水平评价类
28	金属轧制人员	轧制原料工、金属轧制工、金属材热处理工、金属材精整工	冶金、有色金属行业技能鉴定机构	水平评价类
		金属挤压工、铸轧工	有色金属行业技能鉴定机构	
29	轻有色金属冶炼人员	氧化铝制取工、铝电解工	有色金属行业技能鉴定机构	水平评价类
30	重有色金属冶炼人员	重冶火法冶炼工、电解精炼工	有色金属行业技能鉴定机构	水平评价类
		重冶湿法冶炼工		
31	炼钢人员	炼钢原料工、炼钢工	冶金行业技能鉴定机构	水平评价类
32	炼铁人员	高炉原料工、高炉炼铁工、高炉运转工	冶金行业技能鉴定机构	水平评价类
33	矿物采选人员	井下支护工	有色金属、煤炭、冶金行业技能鉴定机构	水平评价类
		矿山救护工		
34	陶瓷制品制造人员	陶瓷原料准备工、陶瓷烧成工、陶瓷装饰工	轻工、建材行业技能鉴定机构	水平评价类
35	玻璃纤维及玻璃纤维增强塑料制品制造人员	玻璃纤维及制品工	建材行业技能鉴定机构	水平评价类
		玻璃钢制品工		
36	水泥、石灰、石膏及其制品制造人员	水泥生产工、石膏制品生产工	建材行业技能鉴定机构	水平评价类
		水泥混凝土制品工		

续表

序号	职业资格名称		实施部门（单位）	资格类别
37	药物制剂人员	药物制剂工	中医药行业技能鉴定机构	水平评价类
38	中药饮片加工人员	中药炮制工	中医药行业技能鉴定机构	水平评价类
39	涂料、油墨、颜料及类似产品制造人员	涂料生产工、染料生产工	化工行业技能鉴定机构	水平评价类
40	农药生产人员	农药生产工	化工行业技能鉴定机构	水平评价类
41	化学肥料生产人员	合成氨生产工、尿素生产工	化工行业技能鉴定机构	水平评价类
42	基础化学原料制造人员	硫酸生产工、硝酸生产工、纯碱生产工	化工行业技能鉴定机构	水平评价类
		烧碱生产工、无机化学反应生产工		
		有机合成工		
43	化工产品生产通用工艺人员	化工总控工	化工行业技能鉴定机构	水平评价类
		防腐蚀工		
		制冷工	人社部门技能鉴定机构会同有关行业协会	
44	炼焦人员	炼焦煤制备工	煤炭、冶金行业技能鉴定机构	水平评价类
		炼焦工		
45	工艺美术品制作人员	景泰蓝制作工	轻工行业技能鉴定机构	水平评价类
46	木制品制造人员	手工木工	住房城乡建设部门相关机构、人社部门技能鉴定机构	水平评价类
47	纺织品和服装剪裁缝纫人员	服装制版师	纺织行业技能鉴定机构	水平评价类

序号	职业资格名称		实施部门（单位）	资格类别
48	印染人员	印染前处理工、印花工、印染后整理工、印染染化料配制工	纺织行业技能鉴定机构	水平评价类
		纺织染色工		
49	织造人员	整经工、织布工	纺织行业技能鉴定机构	水平评价类
50	纺纱人员	纺纱工	纺织行业技能鉴定机构	水平评价类
		缫丝工		
51	纤维预处理人员	纺织纤维梳理工、并条工	纺织行业技能鉴定机构	水平评价类
52	酒、饮料及精制茶制造人员	酿酒师、品酒师	轻工行业技能鉴定机构	水平评价类
		酒精酿造工、白酒酿造工、啤酒酿造工、黄酒酿造工、果露酒酿造工		
		评茶员	供销行业技能鉴定机构、人社部门技能鉴定机构	
53	乳制品加工人员	乳品评鉴师	轻工行业技能鉴定机构	水平评价类
54	粮油加工人员	制米工、制粉工、制油工	粮食行业技能鉴定机构	水平评价类
55	动植物疫病防治人员	农作物植保员	农业行业技能鉴定机构	水平评价类
		动物疫病防治员、动物检疫检验员		
		水生物病害防治员		
		林业有害生物防治员	林业行业技能鉴定机构	
56	农业生产服务人员	农机修理工	农业行业技能鉴定机构	水平评价类
		沼气工		
		农业技术员		

续表

序号	职业资格名称		实施部门（单位）	资格类别
57	康复矫正服务人员	助听器验配师	卫生计生行业技能鉴定机构	水平评价类
		口腔修复体制作工		
		眼镜验光员、眼镜定配工	人社部门技能鉴定机构会同有关行业协会	
58	健康咨询服务人员	健康管理师	卫生计生行业技能鉴定机构	水平评价类
		生殖健康咨询师		
59	计算机和办公设备维修人员	信息通信网络终端维修员	电子通信行业技能鉴定机构	水平评价类
60	汽车摩托车修理技术服务人员	汽车维修工	交通运输行业技能鉴定机构、人社部门技能鉴定机构	水平评价类
61	保健服务人员	保健调理师	中医药行业技能鉴定机构	水平评价类
62	美容美发服务人员	美容师	人社部门技能鉴定机构会同有关行业协会	水平评价类
		美发师		
63	生活照料服务人员	孤残儿童护理员	民政行业技能鉴定机构	水平评价类
		育婴员	人社部门技能鉴定机构会同有关行业协会	
		保育员		
64	有害生物防制人员	有害生物防制员	卫生计生行业技能鉴定机构、人社部门技能鉴定机构	水平评价类
65	环境治理服务人员	工业固体废物处置工	化工行业技能鉴定机构	水平评价类
66	水文服务人员	水文勘测工	水利行业技能鉴定机构	水平评价类
67	水利设施管养人员	河道修防工、水工闸门运行工	水利行业技能鉴定机构	水平评价类
		水工监测工		

续表

序号	职业资格名称		实施部门（单位）	资格类别
68	地质勘查人员	地勘钻探工	国土资源行业技能鉴定机构	水平评价类
		地质调查员		
		地勘掘进工、地质实验员、物探工		
69	检验、检测和计量服务人员	农产品食品检验员	农业、粮食行业技能鉴定机构	水平评价类
		纤维检验员	供销行业技能鉴定机构	
		贵金属首饰与宝玉石检测员	轻工、珠宝首饰行业技能鉴定机构	
		机动车检测工	机械、交通运输行业技能鉴定机构	
70	测绘服务人员	大地测量员、摄影测量员、地图绘制员	测绘地理信息行业技能鉴定机构	水平评价类
		不动产测绘员		
		工程测量员	测绘地理信息、国土资源、交通运输行业技能鉴定机构	
71	安全保护服务人员	保安员	公安部门相关机构、人社部门技能鉴定机构	水平评价类
		安检员	民航行业技能鉴定机构、人社部门技能鉴定机构	
		智能楼宇管理员	住房城乡建设部门相关机构、人社部门技能鉴定机构	
		安全评价师	人社部门技能鉴定机构会同有关行业协会	
72	人力资源服务人员	劳动关系协调员	人社部门技能鉴定机构会同有关行业协会	水平评价类
		企业人力资源管理师		
73	物业管理服务人员	中央空调系统运行操作员	住房城乡建设部门相关机构、人社部门技能鉴定机构	水平评价类

续表

序号	职业资格名称		实施部门（单位）	资格类别
74	信息通信网络运行管理人员	信息通信网络运行管理员	电子通信行业技能鉴定机构	水平评价类
75	广播电视传输服务人员	广播电视天线工	广电行业技能鉴定机构	水平评价类
		有线广播电视机线员		
76	信息通信网络维护人员	信息通信网络机务员	电子通信行业技能鉴定机构	水平评价类
		信息通信网络线务员		
77	餐饮服务人员	中式烹调师	人社部门技能鉴定机构会同有关行业协会	水平评价类
		中式面点师、西式烹调师、西式面点师		
		茶艺师		
78	仓储人员	（粮油）仓储管理员	粮食行业技能鉴定机构	水平评价类
79	航空运输服务人员	民航乘务员	民航行业技能鉴定机构	水平评价类
		机场运行指挥员		
80	道路运输服务人员	机动车驾驶教练员	交通运输行业技能鉴定机构	水平评价类
81	消防和应急救援人员	消防员	消防行业技能鉴定机构	水平评价类
		森林消防员	林业行业技能鉴定机构	
		应急救援员	紧急救援行业技能鉴定机构	

专业技术人员职业资格包括以下 59 项：

扫码后输入"表13"，可获取本表。

序号	职业资格名称	实施部门（单位）	资格类别
1	教师资格	教育部	准入类
2	注册消防工程师	公安部、人力资源社会保障部	准入类

续表

序号	职业资格名称		实施部门（单位）	资格类别
3	法律职业资格		司法部	准入类
4	中国委托公证人资格（香港、澳门）		司法部	准入类
5	注册会计师		财政部	准入类
6	民用核安全设备无损检验人员资格		环境保护部	准入类
7	民用核设施操纵人员资格		环境保护部、国家能源局	准入类
8	注册核安全工程师		环境保护部、人力资源社会保障部	准入类
9	注册建筑师		全国注册建筑师管理委员会及省级注册建筑师管理委员会	准入类
10	监理工程师		住房城乡建设部、交通运输部、水利部、人力资源社会保障部	准入类
11	房地产估价师		住房城乡建设部、国土资源部、人力资源社会保障部	准入类
12	造价工程师		住房城乡建设部、交通运输部、水利部、人力资源社会保障部	准入类
13	注册城乡规划师		住房城乡建设部、人力资源社会保障部、中国城市规划协会	准入类
14	建造师		住房城乡建设部、人力资源社会保障部	准入类
15	勘察设计注册工程师	注册结构工程师	住房城乡建设部、人力资源社会保障部	准入类
		注册土木工程师	住房城乡建设部、交通运输部、水利部、人力资源社会保障部	
		注册化工工程师	住房城乡建设部、人力资源社会保障部	
		注册电气工程师		
		注册公用设备工程师		

续表

序号	职业资格名称		实施部门（单位）	资格类别
15	勘察设计注册工程师	注册环保工程师	住房城乡建设部、环境保护部、人力资源社会保障部	准入类
		注册石油天然气工程师	住房城乡建设部、人力资源社会保障部	
		注册冶金工程师	住房城乡建设部、人力资源社会保障部	
		注册采矿/矿物工程师		
		注册机械工程师		
16	注册验船师		交通运输部、农业部、人力资源社会保障部	准入类
17	船员资格（含船员、渔业船员）		交通运输部、农业部	准入类
18	兽医资格	执业兽医	农业部	准入类
		乡村兽医		
19	拍卖师		中国拍卖行业协会	准入类
20	演出经纪人员资格		文化部	准入类
21	医生资格	医师	国家卫生计生委	准入类
		乡村医生		
		人体器官移植医师		
22	护士执业资格		国家卫生计生委、人力资源社会保障部	准入类
23	母婴保健技术服务人员资格		国家卫生计生委	准入类
24	出入境检疫处理人员资格		质检总局	准入类
25	注册设备监理师		质检总局、人力资源社会保障部	准入类
26	注册计量师		质检总局、人力资源社会保障部	准入类
27	广播电视播音员、主持人资格		新闻出版广电总局	准入类
28	新闻记者职业资格		新闻出版广电总局	准入类

续表

序号	职业资格名称		实施部门（单位）	资格类别
29	注册安全工程师		安全监管总局、人力资源社会保障部	准入类
30	执业药师		食品药品监管总局、人力资源社会保障部	准入类
31	专利代理人		国家知识产权局	准入类
32	导游资格		国家旅游局	准入类
33	注册测绘师		国家测绘地信局、人力资源社会保障部	准入类
34	航空人员资格	空勤人员、地面人员	中国民航局	准入类
		民用航空器外国驾驶员、领航员、飞行机械员、飞行通信员		
		航空安全员		
		民用航空电信人员、航行情报人员、气象人员		
35	会计从业资格		财政部	准入类
36	特种设备检验、检测人员资格认定		质检总局	准入类
37	工程咨询（投资）专业技术人员职业资格		国家发展改革委、人力资源社会保障部、中国工程咨询协会	水平评价类
38	通信专业技术人员职业资格		工业和信息化部、人力资源社会保障部	水平评价类
39	计算机技术与软件专业技术资格		工业和信息化部、人力资源社会保障部	水平评价类
40	社会工作者职业资格		民政部、人力资源社会保障部	水平评价类
41	会计专业技术资格		财政部、人力资源社会保障部	水平评价类

续表

序号	职业资格名称	实施部门（单位）	资格类别
42	资产评估师	财政部、人力资源社会保障部、中国资产评估协会	水平评价类
43	经济专业技术资格	人力资源社会保障部	水平评价类
44	土地登记代理专业人员职业资格	国土资源部、人力资源社会保障部、中国土地估价师与土地登记代理人协会	水平评价类
45	环境影响评价工程师	环境保护部、人力资源社会保障部	水平评价类
46	房地产经纪专业人员职业资格	住房城乡建设部、人力资源社会保障部、中国房地产估价师与房地产经纪人学会	水平评价类
47	机动车检测维修专业技术人员职业资格	交通运输部、人力资源社会保障部	水平评价类
48	公路水运工程试验检测专业技术人员职业资格	交通运输部、人力资源社会保障部	水平评价类
49	水利工程质量检测员资格	水利部、中国水利工程协会	水平评价类
50	卫生专业技术资格	国家卫生计生委、人力资源社会保障部	水平评价类
51	审计专业技术资格	审计署、人力资源社会保障部	水平评价类
52	税务师	税务总局、人力资源社会保障部、中国注册税务师协会	水平评价类
53	认证人员职业资格	质检总局	水平评价类
54	出版专业技术人员职业资格	新闻出版广电总局、人力资源社会保障部	水平评价类
55	统计专业技术资格	国家统计局、人力资源社会保障部	水平评价类

续表

序号	职业资格名称	实施部门（单位）	资格类别
56	银行业专业人员职业资格	银监会、人力资源社会保障部、中国银行业协会	水平评价类
57	证券期货业从业人员资格	证监会	水平评价类
58	文物保护工程从业资格	国家文物局	水平评价类
59	翻译专业资格	中国外文局、人力资源社会保障部	水平评价类

4. 享受扣除的时间

（1）学历继续教育，从录取通知书注明的入学时间当月开始扣除；截止时间自然是以毕业时间为准。

注意一个学历最多只能扣 4 年（48 个月）。也就是说，纳税人不能在一个学历上无限制的读书、抵扣。因此，截止时间也可能是接收该学历教育后的第 48 个月。

（2）职业资格继续教育，以证书为准，取得证书当年可扣除。

三、实务要点

1. 学历教育仅限在中国境内。这与子女教育中的规定不同，需要留意。

2. 注意继续教育中的学历教育和子女教育中的学历教育，本科及以下的学历教育，只能二选一扣除。那么本科以上呢？办法未明说，但隐含意思自然是不能选择扣除。既然不能选择扣除，就要进行判断，纳税人属于继续教育的硕士和博士阶段的（即本科毕业工作后再进修），则只能选择继续教育扣除，不能再作为子女教育扣除项目由父母扣除。

3. 可扣除项目都是正列举的，需要"按图索骥"，不能"张冠李戴"。注意，职业资格继续教育证书扣除并非有多少扣除多少，而是一年只能扣除一个 3600 元。办法的原文是："在取得相关证书的当年，按照 3600 元定额扣除"。这句话本身可能在实务中有歧义，但是表格填写的问答中进行了明确：

问：同时接受多个学历继续教育或者取得多个专业技术人员职业资格证书，是否均需要填写？

答：只填写其中一条即可。因为多个学历（学位）继续教育不可同时享受，多个职业资格继续教育不可同时享受。

4. 多个学历教育不能同时享受。这并未形成办法文字，而是在上文的填写问答中进行了明确。

5. 注意职业资格继续教育只认拿证当年，拿证之后的年度不能再进行抵扣，这和我们平常理解的拿到某个证后的"继续教育"持续几年时间的概念有所不同，需要留意。

6. 花艺、各种球类等兴趣培训的继续教育费用是不可以扣除的。这点从实务角度很好理解，一旦范围这么广泛，那么继续教育扣除会成为一个无法核实的扣除项。

7. 继续教育中的学历教育，纳税人没有取得证书，也是可以扣的，只看教育阶段，不看教育结果。

8. 同一个学历扣了 48 个月，扣完了，如果换学历专业，还可以重新扣 48 个月，并不相互抵消。

9. 职业资格证书的所属年度以证书上的时间为准，而不以拿证书的时间为准。因为拿证书时间不好证明。同时，由于汇算清缴的时间足够长，上一年的证书拖到下一年的 6 月 30 日还没有发放的情形比较少见，一般不会耽误扣除。

第三节　大病医疗

一、办法规定

第十一条　在一个纳税年度内，纳税人发生的与基本医保相关的医药费用支出，扣除医保报销后个人负担（指医保目录范围内的自付部分）累计超过 15000 元的部分，由纳税人在办理年度汇算清缴时，在 80000 元限额内据实扣除。

第十二条　纳税人发生的医药费用支出可以选择由本人或者其配偶扣除；未成年子女发生的医药费用支出可以选择由其父母一方扣除。

纳税人及其配偶、未成年子女发生的医药费用支出，按本办法第十一条规定分别计算扣除额。

第十三条　纳税人应当留存医药服务收费及医保报销相关票据原件（或者复印件）等资料备查。医疗保障部门应当向患者提供在医疗保障信息系统记录的本人年度医药费用信息查询服务。

二、解析

1. 扣除主体

纳税人，可以扣除本人或者配偶的大病医疗支出。

未成年子女的医疗费用，可以选择由其父母一方扣除。

注意这是两个层级的事情，分开计算和判断比较好。

2. 扣除金额

大病医疗支出不采用定额，而是采用限额据实扣除的方式，具体金额是：个人负担的医药费用支出，在 15000 元至 95000 元之间的部分。即是所谓的"超过 15000 元的部分……按照 80000 元的标准限额据实扣除"。结合扣除主体的规定，纳税人可以根据自己的情况安排扣除人及金额，理论上，本人、配偶、1 个未成年子女合计可在本人处扣除 24 万元，总之，以扣除利益最大化为目标。

3. 大病医疗支出范围

可扣除的大病医疗支出必须是个人自费负担部分。在办法的征求意见稿中，曾经要求必须要"通过社会医疗保险管理信息系统记录"，最终稿中取消了，替换为"与基本医保相关的"，而且加了范围限定：医保目录范围内的自付部分。其本质是需要由医保制度进行背书，防止不合理的过度医疗支出。

4. 享受扣除的时间

大病医疗支出以一个年度为期间计算，不存在起始享受期间，只要在这一个纳税年度中实际发生的支出，即可以享受扣除。

办理扣除的时间为取得大病医疗服务收费票据年度的次年3月1日至6月30日，即次年进行综合所得汇算清缴的时间。

三、实务要点

1. 本项扣除是唯一的据实扣除项目，因此实际发生支出的票据非常重要，需要纳税人及时留存并在需要时提供给税务机关。

2. 大病医疗专项附加扣除实行个人年度汇算清缴时提交材料享受扣除的方式。由于只有到年底才能确定个人年度大病医药费用总额，在平时的扣缴环节难以操作，需要个人在年度汇算清缴时提供相关信息和资料，由个人自行申报并申请退税。纳税人在申报退税时需要填报医药费用支出情况，并留存医疗服务收费相关票据原件或复印件备查。

3. 目前的医疗服务收费票据主要包括两种类型，一种是指非营利性医疗机构开具的由财政部门统一印制的《医疗卫生机构收费专用票据》；另一种是指营利性医疗机构开具的由税务部门监制的《医疗服务专用发票》。

4. 大病的范围是根据金额来确定的，而非病种。办法中，并没有界定什么是大病，这是因为这种界定在实务中非常困难。有的人感冒了也能发生生命危险，因此办法确定的大病实质上是根据支出金额来判定的，只要超过支出标准的，就被认定为大病，至于什么病种，并未做具体限制。

5. 大病医疗支出不能累加，扣除额却能累加。这就是办法中"分别扣除"的意思。比如配偶自付医药费10000元，孩子自付医药费10000元，要分别计算大病医疗支出，因为都未达到起点（15000元），因此都不能享受大病医疗支出扣除。而不是将两部分医药费相加，变成20000元，再享受扣除。如果二者自付医药费都是18000元，都可以享受3000元（18000元–15000元）的扣除额，则在扣除时相加由该纳税人扣除6000元。

第四节 住房贷款利息

一、办法规定

第十四条 纳税人本人或者配偶单独或者共同使用商业银行或者住房公积金个人住房贷款为本人或者其配偶购买中国境内住房，发生的首套住房贷款利息支出，在实际发生贷款利息的年度，按照每月 1000 元的标准定额扣除，扣除期限最长不超过 240 个月。纳税人只能享受一次首套住房贷款的利息扣除。

本办法所称首套住房贷款是指购买住房享受首套住房贷款利率的住房贷款。

第十五条 经夫妻双方约定，可以选择由其中一方扣除，具体扣除方式在一个纳税年度内不能变更。

夫妻双方婚前分别购买住房发生的首套住房贷款，其贷款利息支出，婚后可以选择其中一套购买的住房，由购买方按扣除标准的 100% 扣除，也可以由夫妻双方对各自购买的住房分别按扣除标准的 50% 扣除，具体扣除方式在一个纳税年度内不能变更。

第十六条 纳税人应当留存住房贷款合同、贷款还款支出凭证备查。

二、解析

1. 扣除主体

（1）贷款人或者其配偶。

（2）单身个人单独作为贷款人的，由该贷款人扣除。夫妻共同贷款的，选择由其中一方扣除，年度内不得调整。——注意，这里没有规定夫妻双方可以分摊扣除，即使是婚前各自有住房贷款婚后扣除，也是选择各扣各自房贷的 50%，而非分摊扣除。

2. 扣除金额

住房贷款利息支出采用定额的方式，具体定额为每月 1000 元标准。

3. 可扣除利息的条件

由于贷款利息在实务判断中比较复杂，为了真正达到对于具有还贷款压力的纳税人减轻负担的目的，管理办法设置了两个条件必须同时达到：

（1）必须是住房贷款，不能是其他如商铺贷款。商住两用房不属于住房贷款，也无法扣除。这个很好理解，无需赘言。

（2）必须是首套住房贷款。实务中的意思是购买住房享受首套住房贷款利率的住房贷款。首套住房贷款利率是指，本人或配偶因购买第一套住房而使用商业银行或住房公积金贷款而支付利息适用的利率。纳税人的首套住房贷款情况，由住房所在地金融监管部门负责判定。由于房地产市场区域差异明显，调控政策往往"因城施策"，不同城市对"首套房"的认定标准不同，实施了差别化的住房信贷政策。具体在实务上，有的认个人或家庭的首套住房，有的认个人或家庭的首次住房贷款，需要留意各地执行口径。但在个人所得税的扣除上，一旦金融机构给予了首套住房贷款利率，则就被认定为符合扣除条件。为便于操作，可能会扩展至首付比例，请留意。

4. 享受扣除的起止时间

从贷款合同约定开始还款的当月开始扣除。

其终止时间有两个：一是贷款还清当月；二是享受扣除后的第 240 个月。

三、实务要点

1. 注意可以扣除住房贷款利息的主体是贷款人或者其配偶（二选一），但是在认定首套住房贷款利率的时候是有可能以家庭为单位的，增加了未成年子女。这在我国住房市场中算是惯例。我国住房市场的各种交易条件和限制都以家庭（父母加未成年子女）为单位。

2. 首套房的认定，最清楚的人是办理贷款的银行业务人员，因为相关的利率就能证明一切。纳税人可以向放贷银行或公积金中心查询。

3. 办法中规定了 240 个月的期限，这个期限并非贷款期限，而是享受扣除的期限，如果贷款 30 年，也是可以享受扣除的，只是只能享受其中的 20 年即 240 个月。

4. 本项扣除的证明义务最小，纳税人基本就是报送信息、材料备查即可。只需要当心对首套贷款的判断不要出错。

5. 夫妻二人婚前分别购买了首套住房，在婚前各自可以扣除 1000 元 / 月，婚后，这两套房产变成共同财产了，只有两个选择：一是选择其中一套，由一方扣除 1000 元 / 月，另外一方不能扣；二是选择各自扣各自的住房，但都只能扣 500 元 / 月。

6. 住房仅限中国境内，境外住房不算。

7. 住房贷款利息，每人一生中只享受一次，夫妻双方确认扣除主体时，既要考虑减税情况，也要考虑不能再扣的问题。

第五节　住房租金

一、办法规定

第十七条　纳税人在主要工作城市没有自有住房而发生的住房租金支出，可以按照以下标准定额扣除：

（一）直辖市、省会（首府）城市、计划单列市以及国务院确定的其他城市，扣除标准为每月 1500 元；

（二）除第一项所列城市以外，市辖区户籍人口超过 100 万的城市，扣除标准为每月 1100 元；市辖区户籍人口不超过 100 万的城市，扣除标准为每月 800 元。

纳税人的配偶在纳税人的主要工作城市有自有住房的，视同纳税人在主要工作城市有自有住房。

市辖区户籍人口，以国家统计局公布的数据为准。

第十八条　本办法所称主要工作城市是指纳税人任职受雇的直辖市、计划单列市、副省级城市、地级市（地区、州、盟）全部行政区域范围；纳税人无任职受雇单位的，为受理其综合所得汇算清缴的税务机关所在城市。

夫妻双方主要工作城市相同的，只能由一方扣除住房租金支出。

第十九条 住房租金支出由签订租赁住房合同的承租人扣除。

第二十条 纳税人及其配偶在一个纳税年度内不能同时分别享受住房贷款利息和住房租金专项附加扣除。

第二十一条 纳税人应当留存住房租赁合同、协议等有关资料备查。

二、解析

1. 扣除主体

（1）签订租赁住房合同的本人。

（2）前提是夫妻二人在纳税人的主要工作城市无住房。

（3）如果夫妻双方主要工作城市相同，则只能在一方扣除；如果双方主要工作城市不同，且在主要工作城市都无住房，则可以分别扣除。

如下图所示：

扫码后输入"图48"，可获取本图。

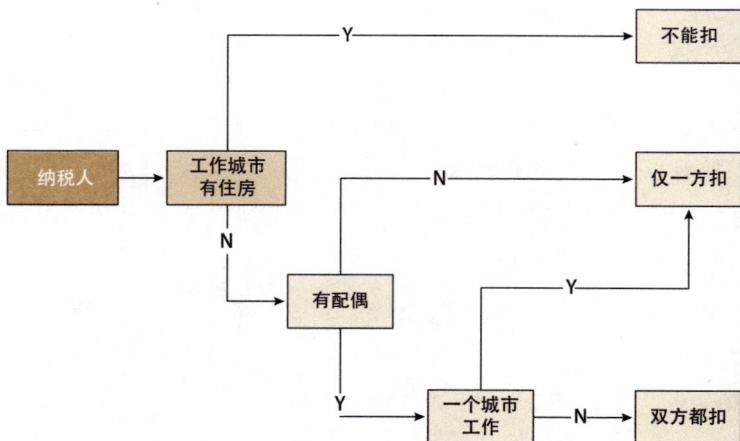

2. 扣除金额

住房租金根据承租的住房坐落地城市规模有关，具体如下图所示：

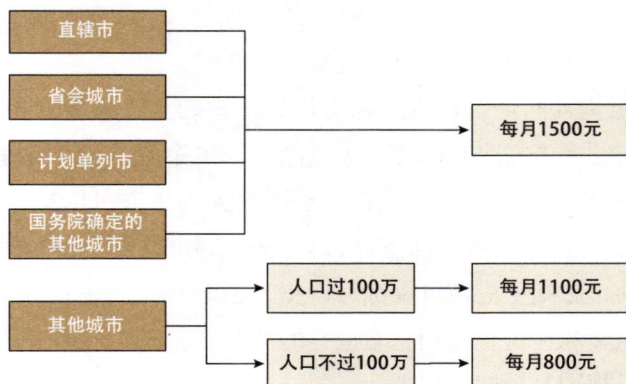

扫码后输入"图49"，可获取本图。

城市规模的确定，以统计部门的户籍统计数据为准。

3. 租金扣除范围

（1）主要工作城市无住房、且在租房期间，这两个条件同时具备。

（2）住房贷款利息和租房利息二选一。如果对于住房贷款利息进行了抵扣，就不能再对租房利息进行抵扣，反之亦然。

（3）主要工作城市的定义：

首先看纳税人任职受雇所在城市，没有任职受雇单位的，为受理其综合所得汇算清缴的税务机关所在城市。城市范围包括直辖市、计划单列市、副省级城市、地级市（地区、州、盟）全部行政区域范围，即以行政区划为准。

4. 享受扣除的起止时间

租赁合同约定起租的当月起开始扣除。这其实是本着减轻实际负担原则，而且也比较好判断。

终止时间自然是租约结束的当月（包括提前解约实际结束），也有可能是纳税人选择了抵扣住房贷款利息那个月份的上月，还有可能是在主要工作城市有了住房的上月。

三、实务要点

1. 仅限住房的租金，商铺等不算。

2. 主要工作城市最低级别为地级市，不再向下延伸。

3. 没有住房是指在主要工作城市没有住房，不是全国没有住房。这点务必注意。比如：在北京有房，却在上海工作，是可以抵扣在上海的住房租金的，只是不能同时抵扣北京住房贷款利息。

4. 谁签租赁合同谁就作为扣除主体。注意的是，夫妻合租一套房，则只能在签合同的一方扣除。因此，夫妻俩要按扣除主体签订租房合同。

5. 如果是夫妻俩，在谁那里扣？规则是夫妻一方可以扣，但是由于认可住房租赁合同签署人为扣除主体，如此一来扣除主体比较确定。万一中途有工作调动，原则上应该可以进行调整，否则就不公平了。

6. 住房租金和住房贷款利息有重叠的情况下，只能二选一。

注意这条规则是个兜底规则。

有的纳税人有住房，也负担住房贷款利息，却可能无法入住，比如，没有拿到新房、没有装修好等多种实务情况。这些情况下，就会出现"有住房"的意思变成"虽然有房但是无法入住"，一味的扣住"有住房"就不能扣除租金支出就未免太过死板，纳税人拥有选择权似乎更为合理。还有一种可能是"有住房可以入住"却非要租房住，这种情况下万一住房本身没有贷款利息，是不是也因为"有住房"而不能扣除租金支出？这些需要看具体执行口径，因为个案情况往往会比较复杂。

7. 一年中夫妻双方不能同时分别享受住房贷款利息和住房租金扣除。注意，这个规则的原文是"纳税人及其配偶在一个纳税年度内不能同时分别享受住房贷款利息和住房租金专项附加扣除。"很多人会把它和上一条"二选一"规则进行混同，其实不是这个意思。上一条的意思是纳税人自己不能又选住房租金扣除、又选住房贷款利息扣除，其规则是具体到每个月的，毕竟可能 1 月租房 2 月买房；这一条的意思是，如果在一年中，丈夫在享受住房贷款利息扣除，相当于妻子也在享受住房贷款利息扣除，那么妻子就不能去享受住房租金扣除了。这一条其实是上一条的延伸规则。

8. 办法里并未直接明确境外城市租金是否可以算，从城市范围界定看，并不包括境外城市租金。

9. 员工住公司提供的宿舍可以扣吗？如果员工需要付费，则视同租房，可以扣除。如果员工不需要付费，则视同未租房，不能扣除。

10. 不把租金发票作为必需的抵扣凭证，纳税人可凭合同申请抵扣。

第六节 赡养老人

一、办法规定

第二十二条 纳税人赡养一位及以上被赡养人的赡养支出，统一按照以下标准定额扣除：

（一）纳税人为独生子女的，按照每月 2000 元的标准定额扣除；

（二）纳税人为非独生子女的，由其与兄弟姐妹分摊每月 2000 元的扣除额度，每人分摊的额度不能超过每月 1000 元。可以由赡养人均摊或者约定分摊，也可以由被赡养人指定分摊。约定或者指定分摊的须签订书面分摊协议，指定分摊优先于约定分摊。具体分摊方式和额度在一个纳税年度内不能变更。

第二十三条 本办法所称被赡养人是指年满 60 岁的父母，以及子女均已去世的年满 60 岁的祖父母、外祖父母。

二、解析

1. 扣除主体

（1）纳税人本人扣除，不含配偶。

（2）父母或其他法定被赡养人在 60 岁以上，含 60 岁。

（3）如果是独生子女则自己扣除，如果不是独生子女则和兄弟姐妹分摊扣除。

（4）兄弟姐妹选择的分摊方式和额度在一个纳税年度内不能变更。

2. 扣除金额

（1）只要有可供赡养的老人，则扣除总额为 2000 元 / 月，多个老人不加倍。

（2）根据独生子女标准区分是否分摊扣除，单人有封顶，为每月 1000 元，具体见下图所示：

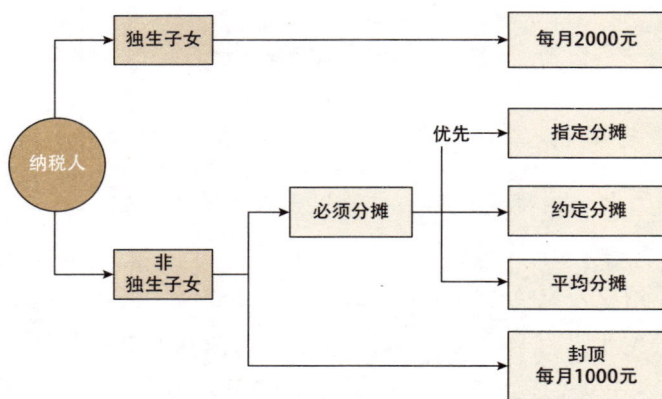

```
                        独生子女  ──────────────────────→  每月2000元

                                                    优先  ┌→  指定分摊
  纳税人                              必须分摊  ──────────┼──→  约定分摊
                                                          └──→  平均分摊
                         非
                        独生子女                             封顶
                                                          每月1000元
```

3. 扣除范围

限于父母及其他法定赡养对象。其他法定赡养对象是指父母都已经去世的情况下,纳税人需要赡养的祖父母、外祖父母。

4. 享受扣除的起始时间

从被赡养人之一年满 60 周岁的当月开始享受扣除。

5. 享受扣除的截止时间

最后一个老人辞世的当年年底。

这一点需要特别留意,因为如果老人当年辞世,出现无老人赡养的情况(因为多个老人不加倍),并不是截止到老人辞世当月,而是截止到当年年末,也就是截止到辞世当年的 12 月底。这一点不在办法中明确,而是在国家税务总局的《个人所得税专项附加扣除操作办法》中,原文是:"为被赡养人年满 60 周岁的当月至赡养义务终止的年末。"从操作上和感情上,这样设置都比较好。

三、实务要点

1. 关于赡养的界定。目前相关法律没有明确定义,通常指子女或晚辈对父母或长辈在物资上和生活上的帮助。《中华人民共和国老年人权益保障法》规定,赡养人应当履行对老年人经济上供养、生活上照料和精神上慰藉的义务,照顾老年人的特殊需要。

2. 子女也包括非婚生子女、养子女、继子女，即负有赡养义务的所有子女。同理，父母也包括生父母、继父母、养父母，父母之外的其他人担任未成年人的监护人的，比照执行。

3. 如果祖父母、外祖父母的子女已经去世，对祖父母、外祖父母承担赡养义务的孙子女、外孙子女也可以扣除。这主要是考虑与《中华人民共和国婚姻法》有关隔代赡养的规定保持衔接（有负担能力的孙子女、外孙子女，对于子女已经死亡或子女无力赡养的祖父母、外祖父母，有赡养义务）。同时，孙子女、外孙子女只有对祖父母或外祖父母实际承担了赡养义务，才能作为抵扣主体。

4. 子女无力赡养的孙子女、外孙子女，是不在扣除主体范围内的。也就是说，如果本人无能力赡养，而把对自己父母的实际赡养义务转嫁给自己的子女，自己的子女不能进行扣除，主要是无力赡养在实践中难以界定，操作上容易引起分歧。

5. 扣除对象未包括子女的配偶，即女婿、儿媳，主要是因为女婿、儿媳也有自己的父母，也可以享受扣除，容易出现多重扣除认定上的交叉，给实务甄别增加操作难度。这种口径影响到的实务情况只有一种：纳税人自己的父母、祖父母都不在人世，配偶也不在人世，由纳税人赡养配偶的父母。这种情况，根据办法的规定无法享受扣除，但相信后续的补充规定及各地税务机关的执行口径中会充分考虑，不至于过于严苛。

第七节　外部信息交换

　　有关部门和单位应当向税务部门提供或协助核实与专项附加扣除有关的信息，具体如下图所示：

扫码后输入
"图51"，可
获取本图。

公安部门	→	户籍人口、户成员关系、出入境证件、相关出国人员、户籍人口死亡标识等
卫生健康部门	→	出生医学证明、独生子女
民政部门、外交部门、法院	→	婚姻状况
教育部门	→	学生学籍、备案的境外教育机构资质
人力资源社会保障等部门	→	技工院校学生学籍、技能人员职业资格、专业技术人员职业资格继续教育
住房城乡建设部门	→	房屋租赁
住房公积金管理机构	→	住房公积金贷款还款支出
自然资源部门	→	不动产登记
人民银行、金融监督管理部门	→	住房商业贷款还款支出
医疗保障部门	→	个人负担的医药费用

第三章　操作办法

第一节　纳税人和扣缴义务人的操作

一、扣除情形

1. 涉及到的专项附加扣除是 6 项：子女教育、继续教育、大病医疗、住房贷款利息、住房租金、赡养老人。但因为住房贷款利息和住房租金只能二选一，所以实际上最多只有 5 项支出可以扣除。

2. 纳税人同时从两处以上取得工资、薪金所得，并由扣缴义务人办理专项附加扣除的，对同一专项附加扣除项目，纳税人只能选择从其中一处扣除。这有两层含义：既不能就同一项目重复扣除，也不能拆分在两地分别扣除。

二、享受时间及扣除时间

1. 纳税人首次享受专项附加扣除的起始时间，在上一章中已经分别有所表述，用下图统一展示：

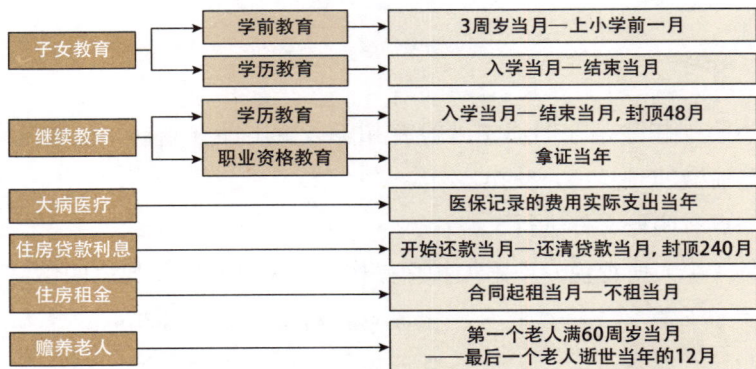

扫码后输入
"图52"，可
获取本图。

155

需要注意的是：大病医疗的享受扣除时间是取得大病医疗服务收费票据的当年，而办理时间并非在当年，是在次年的汇算清缴时间内，即 3 月 1 日至 6 月 30 日内。

其他的专项附加扣除项目，自 2019 年 1 月 1 日起可以开始扣除。

2. 办理扣除的时间只有两种：扣缴义务人预扣预缴时、年度汇算清缴时。大病医疗支出在平时无法预扣预缴，因此又与其他专项附加扣除项目有所区别。所有项目的办理扣除时间如下图所示：

扫码后输入"图53"，可获取本图。

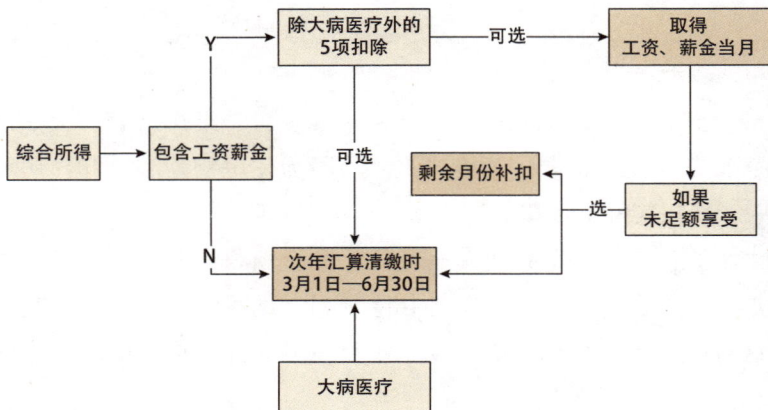

需要注意的是，如果当年纳税人发现没有足额享受专项附加扣除，他有两个选择：一是在汇算清缴的时候办理，二是在剩余的月份由单位在发工资的时候补扣。第二个是在征求意见稿中没有，在最终稿中加上的，需要留意。

三、年中换雇主的实务操作

专项附加扣除，在旧雇主处没有扣除，就不能在新雇主处扣除了，应该在汇算清缴的时候一并补扣。

这一点有两处文件进行了确认：

一是《个人所得税专项附加扣除操作办法（试行）》的第四条：

享受子女教育、继续教育、住房贷款利息或者住房租金、赡养老人专项附加扣除的纳税人，自符合条件开始，可以向支付工资、薪金所得的扣缴义务人提供上述专项附加扣除有关信息，由扣缴义务人在预扣预缴税款时，按其在本单位本年可享受的累计扣除额办理扣除。这里规定了只有在"本单位"本年可以享受的累计扣除额进行办理。

二是《关于个人所得税自行纳税申报有关问题的公告》的第一条：

取得综合所得且符合下列情形之一的纳税人，应当依法办理汇算清缴：

从两处以上取得综合所得，且综合所得年收入额减除专项扣除后的余额超过 6 万元。

年中换工作的就属于两处以上取得工资薪金所得。

四、资料及信息报送

1. 整体流程

纳税人办理专项附加扣除的整体流程涉及到纳税人本人、扣缴义务人和税务机关三方，整合在下面一张图中：

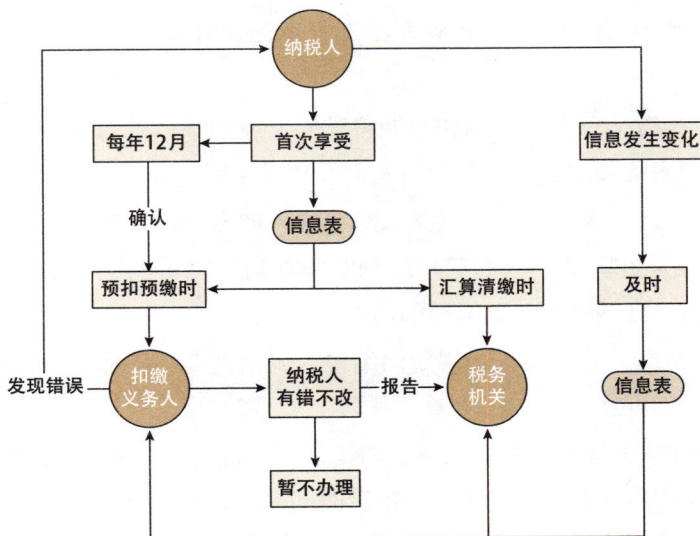

扫码后输入"图54"，可获取本图。

其中，《个人所得税专项附加扣除信息表》是最重要的信息纽带，纳税人在首次享受、信息发生变化以及下一年需要继续享受的时候，都需要进行信息的确认和报送。

2. 纳税人的责任

（1）纳税人应当对《个人所得税专项附加扣除信息表》的准确性和及时性负责。

这一点很重要，它有助于在实务中判断虚假错误扣除的责任人。

（2）纳税人可以通过多种方式报送相关信息，包括向扣缴义务人填报、电子税务局、手机 APP、纸质报表等。

（3）纳税人填报错误而被税务机关或者扣缴义务人告知更改的，必须及时更正。

（4）纳税人在税务机关核查时有义务提供与专项附加扣除有关的佐证材料以完整证明实际支出情况。

（5）纳税人实际发生的专项附加扣除项目备查资料、《个人所得税专项附加扣除信息表》，应当在 5 年内留存备查。这里 5 年起算时间是"法定汇算清缴期结束后"，即次年的 7 月 1 日起。

3. 扣缴义务人的责任

（1）纳税人通过扣缴义务人办理专项附加扣除的，扣缴义务人不得拒绝。

（2）扣缴义务人办理预扣预缴税款时，应当根据纳税人报送的《个人所得税专项附加扣除信息表》为纳税人办理专项附加扣除，不得擅自更改。

（3）目前并无要求扣缴义务人对纳税人的专项附加扣除信息进行审核的规定，但是可以基于基本逻辑的判断是在情理之中的，否则就不会发生扣缴义务人发现纳税人信息错误的情况了。

（4）扣缴义务人应当按规定向纳税人提供其专项附加扣除内容及金额等信息。（年度终了 2 个月内）

（5）扣缴义务人对纳税人填报的《个人所得税专项附加扣除信息表》，应当在 5 年内留存备查。这里 5 年起算时间是"预扣预缴年度的次年起"，即次年的 1 月 1 日起。这个时间和纳税人的资料保存时间不一样，需要留意。

4. 报送信息资料的范围

各个项目的报送信息及备查资料见下表所示：

项目	报送信息	备查资料
子女教育	配偶及子女的姓名、身份证件类型及号码、子女当前受教育阶段及起止时间、子女就读学校以及本人与配偶之间扣除分配比例等信息	子女在境外接受教育的，应当留存境外学校录取通知书、留学签证等境外教育佐证资料
继续教育	学历教育：教育起止时间、教育阶段等信息；职业资格教育：证书名称、证书编号、发证机关、发证（批准）时间等信息	职业资格相关证书等资料
住房贷款利息	住房权属信息、住房坐落地址、贷款方式、贷款银行、贷款合同编号、贷款期限、首次还款日期等信息；纳税人有配偶的，填写配偶姓名、身份证件类型及号码	住房贷款合同、贷款还款支出凭证等资料
住房租金	主要工作城市、租赁住房坐落地址、出租人姓名及身份证件类型和号码或者出租方单位名称及纳税人识别号（社会统一信用代码）、租赁起止时间等信息；纳税人有配偶的，填写配偶姓名、身份证件类型及号码。	住房租赁合同或协议等资料
赡养老人	纳税人是否为独生子女、月扣除金额、被赡养人姓名及身份证件类型和号码、与纳税人关系；有共同赡养人的，需填报分摊方式、共同赡养人姓名及身份证件类型和号码等信息	约定或指定分摊的书面分摊协议等资料
大病医疗	患者姓名、身份证件类型及号码、与纳税人关系、与基本医保相关的医药费用总金额、医保目录范围内个人负担的自付金额等信息	大病患者医药服务收费及医保报销相关票据原件或复印件，或者医疗保障部门出具的纳税年度医药费用清单等资料

扫码后输入"表14"，可获取本表。

第二节　税务机关的操作

一、受理对象

税务机关的受理对象包括如下三种情形：扣缴义务人的预扣预缴，扣缴义务人为纳税人办理的汇算清缴，以及纳税人自己的汇算清缴。

这里需要注意的是：

对于收入本身，由于扣缴义务人需要履行扣缴义务，因此理论上纳税人无需自行申报，如果税法要求单位代扣代缴，纳税人却进行了自行申报，单位的扣缴义务责任仍然未被免除。税法也没有规定纳税人自行申报的选择权。但是对于专项附加扣除，由于涉及到太多的个人隐私信息，纳税人可以选择通过扣缴义务人进行扣除，也可以选择自己在汇算清缴时扣除。

二、检查与管理

从预扣预缴环节起，税务机关就可以对专项附加扣除情况开展检查与管理，处理分责令改正、信用联合惩戒以及处罚三种手段。

涉及到以下几种情形：

（1）报送虚假专项附加扣除信息；

（2）重复享受专项附加扣除；

（3）超范围或标准享受专项附加扣除；

（4）拒不提供留存备查资料；

（5）国家税务总局规定的其他情形。

第四部分

扣缴申报实务解析

第一章　总述

个人所得税的扣缴申报是指扣缴义务人在支付所得时，按照税法的相关规定进行代扣代缴税款，并且向税务机关解缴税款的行为。新法明确：扣缴义务人是向个人支付所得的单位和个人。国家税务总局出台的《个人所得税扣缴申报管理办法（试行）》（以下简称"扣缴办法"）对扣缴申报行为进行了规定。新法规定了9个税目，4个是综合所得，5个是分类所得。在5项分类所得中，经营所得属于自行纳税申报，并不涉及扣缴行为，涉及扣缴的是其他4项分类所得。在新法体系下，扣缴申报分为对综合所得的扣缴和对其他分类所得的扣缴，其中对居民个人的综合所得又属于预扣预缴，与年度的汇算清缴相对应。具体如下图所示：

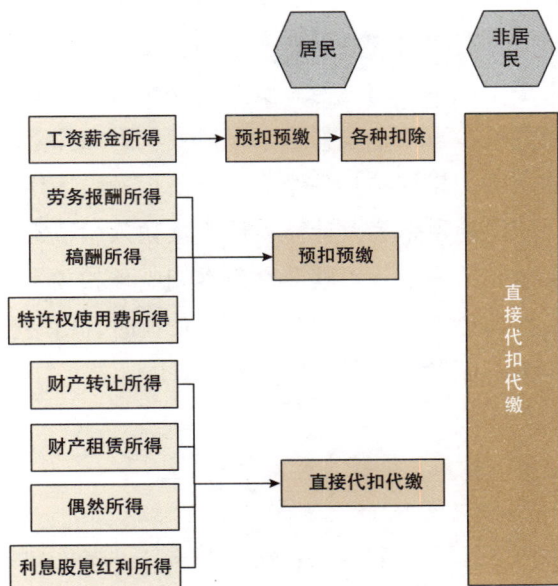

扫码后输入"图55"，可获取本图。

163

第二章　居民个人工资薪金所得的预扣预缴

第一节　预扣预缴方法

一、适用范围

1.限于工资薪金所得，其他税目不适用。

2.限于向居民个人支付，不包括非居民个人。

二、核心含义

居民个人工资薪金所得适用累计预扣法。

累计预扣法，是指扣缴义务人在一个纳税年度内预扣预缴税款时，以纳税人在当年本单位截至当前月份工资、薪金所得累计收入减除累计免税收入、累计减除费用、累计专项扣除、累计专项附加扣除和累计依法确定的其他扣除后的余额为累计预扣预缴应纳税所得额，适用个人所得税预扣率表一，即综合所得年税率表，计算累计应预扣预缴税额，再减除累计减免税额和累计已预扣预缴税额，其余额为本期应预扣预缴税额。余额为负值时，暂不退税。纳税年度终了后余额仍为负值时，由纳税人通过办理综合所得年度汇算清缴，税款多退少补。

具体计算公式如下：

本期应预扣预缴税额＝（累计预扣预缴应纳税所得额 × 预扣率－速算扣除数）－累计减免税额－累计已预扣预缴税额

累计预扣预缴应纳税所得额＝累计收入－累计免税收入－累计减除费用－累计专项扣除－累计专项附加扣除－累计依法确定的其他扣除

其中：累计减除费用，按照5000元/月乘以纳税人当年截至本月在本单位的任职受雇月份数计算。

三、实务要点

1. 按月预扣。

2. 按照当年截止到当前月份在本单位的累计收入和累计扣除项目计算累计应纳税额。

3. 基本减除费用的标准是 5000 元 / 月。

4. 在计算本期预扣预缴税款时如果出现负值，暂不退税，留至汇算清缴时办理。

5. 如果员工在年中换工作，新雇主对老雇主的预扣情况无需计算在内。这是因为三个原因：

（1）在个人所得税领域，一个雇主没有权利和义务去了解上一个雇主发放工资薪金的具体情况。

（2）对于新雇主来说，老雇主给员工发放的工资薪金属于员工个人的隐私，税法不能强制要求员工提供给新雇主。

（3）即使员工愿意将以往的工资记录提供给新雇主，万一有数据失实，新雇主的法律责任存疑。

因此，尽管在征求意见稿中并未明确，但在最终稿中明确了"以纳税人在本单位截至当前月份工资、薪金所得"作为计算基础，相应的扣除项计算也是以此为基础的。

第二节　举例

大雕有限公司给中国员工黄蓉发放工资薪金所得，其月工资标准为 30000 元。

黄蓉的可扣除项目如下：

每月的"三险一金"5500 元（各地标准不同，且处于调整期，举例简化）；

每月的专项附加扣除 6000 元（三个孩子的子女教育 3000 元 + 赡养老人 2000 元 + 住房贷款利息 1000 元）；

购买了税收递延型养老保险每月 1000 元。

1 月：

预扣预缴应纳税所得额 =30000-5000-5500-6000-1000=12500 元

预扣预缴税款 =12500×3%=375 元

2 月：

累计预扣预缴应纳税所得额 =30000×2-5000×2-5500×2-6000×2-1000×2=25000 元

累计应预扣预缴税款 =25000×3%=750 元

已预扣预缴税额 =375 元

本期应预扣预缴税额 =750-375=375 元。

3 月：

累计预扣预缴应纳税所得额 =30000×3-5000×3-5500×3-6000×3-1000×3=37500 元

累计应预扣预缴税款 =37500×10%-2520=1230 元

已预扣预缴税额 =750 元

本期应预扣预缴税额 =1230-750=480 元。

4 月：

勤奋的黄蓉在这月拿到了注册会计师证书，但因为身体过于劳累，工作出现失误，给大雕有限公司造成了较大损失，实际拿到的工资只有 10000 元，对应的"三险一金"变成 2000 元。

累计预扣预缴应纳税所得额 =30000×3+10000-5000×4-2000-5500×3-6000×4-3600-1000×4=29900 元（忽略税收递延型养老保险试点政策中的上限规定）

累计应预扣预缴税款 =29900×3%=897 元

已预扣预缴税额 =1230 元

897-1230 ＜ 0

本期应预扣预缴税额 =0

本月不用预扣预缴税额，也不退税。

……

第三章 居民个人劳务报酬、稿酬、特许权使用费所得的预扣预缴

第一节 预扣预缴方法

一、适用范围

1. 限于劳务报酬、稿酬或者特许权使用费所得，其他税目不适用。
2. 限于向居民个人支付，不包括非居民个人。

二、核心算法

劳务报酬所得、稿酬所得、特许权使用费所得以收入减除费用后的余额为收入额；其中，稿酬所得的收入额减按百分之七十计算。

减除费用：预扣预缴税款时，劳务报酬所得、稿酬所得、特许权使用费所得每次收入不超过四千元的，减除费用按八百元计算；每次收入四千元以上的，减除费用按收入的百分之二十计算。

应纳税所得额：劳务报酬所得、稿酬所得、特许权使用费所得，以每次收入额为预扣预缴应纳税所得额，计算应预扣预缴税额。

劳务报酬所得应预扣预缴税额＝预扣预缴应纳税所得额 × 预扣率－速算扣除数

劳务报酬预扣率和速算扣除数见下表：

劳务报酬所得预扣率表

级数	预扣预缴应纳税所得额	预扣率	速算扣除数
1	不超过20000元的	20%	0
2	超过20000元至50000元的部分	30%	2000
3	超过50000元的部分	40%	7000

扫码后输入"表15"，可获取本表。

167

稿酬所得应预扣预缴税额 = 预扣预缴应纳税所得额 ×20%

特许权使用费所得应预扣预缴税额 = 预扣预缴应纳税所得额 ×20%

居民个人办理年度综合所得汇算清缴时，应当依法计算劳务报酬所得、稿酬所得、特许权使用费所得的收入额，并入年度综合所得计算应纳税款，税款多退少补。

三、实务要点

1. 这三个税目的预扣预缴以次为单位，所谓的"次"，在新条例中已有明确，在扣缴办法中进行了进一步明确：

劳务报酬所得、稿酬所得、特许权使用费所得，属于一次性收入的，以取得该项收入为一次；属于同一项目连续性收入的，以一个月内取得的收入为一次。

2. 需要注意收入、收入额、应纳税所得额这三个概念之间的关系与区别，尤其是"收入"和"收入额"很容易混淆，具体见下图所示：

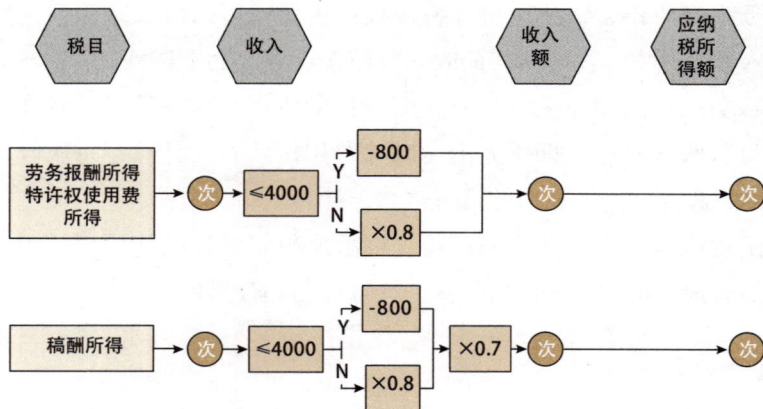

扫码后输入"图56"，可获取本图。

3. 在这三个税目的预扣预缴阶段，除了费用外不能扣除其他的任何扣除。这一点需要尤其注意。比如，捐赠在平时可能就发生了，但是不能在预扣预缴环节进行扣除，只能在年度汇缴的时候进行扣除。扣缴办法的征求意见稿中，曾经将"其他允许扣除的项目"列为扣除项目，但在最终稿中删除了，因此这一点尤其显得突出。

4. 劳务报酬所得的预扣率和旧法下的劳务报酬加成征收税率一致。

5. 注意费用扣除的算法在预缴环节和汇缴环节的区别，预缴环节有"4000 元以下扣 800 元"的规定，而在汇缴的环节，对于这三个税目的费用扣除固定比例 20%，并不区分是否低于 4000 元。

6. 注意稿酬所得预扣预缴应纳税所得额的计算顺序，是先扣费用再打七折。

第二节　举例

2019 年 4 月，神雕集团公司发生了以下三笔支出：

1. 邀请著名歌星小龙女演唱歌曲《我不是黄蓉》，支付报酬 30000 元，小龙女当场拿出 1000 元通过国家机关捐赠给受到台风影响的桃花岛灾区。

2. 支付神雕集团 logo 原型的所有者杨过一笔神雕形象设计使用费 3500 元，杨过同意拿出 500 元通过国家机关捐赠给受到台风影响的桃花岛灾区。

3. 公开发行的《神雕日报》上发表了郭靖的一篇自传体小说《从草原少年到中原巨侠》，支付郭靖稿酬 3000 元，郭靖当月未进行捐款。

神雕集团需要为三人预扣预缴个人所得税如下：

小龙女：劳务报酬所得

收入：30000 元

收入额：30000×（1−20%）=24000 元

预扣预缴应纳税所得额：24000 元（捐赠不能在平时扣）

应预扣预缴税额：24000×30%−2000=5200 元

杨过：特许权使用费所得

收入：3500 元

收入额：3500−800=2700 元

预扣预缴应纳税所得额：2700 元（捐赠不能在平时扣）

应预扣预缴税额：2700×20%=540元

郭靖：稿酬所得

收入：3000元

收入额：（3000-800）×0.7=1540元

预扣预缴应纳税所得额：1540元

应预扣预缴税额：1540×20%=308元

第四章　其他扣缴申报

其他扣缴申报包括两类：一是非居民几项综合所得的扣缴申报，二是其他几项分类所得的扣缴申报。

第一节　非居民个人几项综合所得的扣缴申报

一、办法规定

扣缴义务人向非居民个人支付工资、薪金所得，劳务报酬所得，稿酬所得和特许权使用费所得时，应当按照以下方法按月或者按次代扣代缴税款：

非居民个人的工资、薪金所得，以每月收入额减除费用五千元后的余额为应纳税所得额；劳务报酬所得、稿酬所得、特许权使用费所得，以每次收入额为应纳税所得额，适用个人所得税税率表三（即综合所得税率表的月度版）计算应纳税额。劳务报酬所得、稿酬所得、特许权使用费所得以收入减除百分之二十的费用后的余额为收入额；其中，稿酬所得的收入额减按百分之七十计算。

非居民个人在一个纳税年度内税款扣缴方法保持不变，达到居民个人条件时，应当告知扣缴义务人基础信息变化情况，年度终了后按照居民个人有关规定办理汇算清缴。

纳税人需要享受税收协定待遇的，应当在取得应税所得时主动向扣缴义务人提出，并提交相关信息、资料，扣缴义务人代扣代缴税款时按照享受税收协定待遇有关办法办理。

二、实务要点

1. 对于非居民，不存在预扣预缴的说法，直接在支付所得时进行代扣代缴，具体税目除了经营所得，其他均包含在内。

2. 注意各个税目对于应纳税所得额不同的算法。详见新条例的讲解（第一部分第二章第六节应纳税所得额），其中特别需要注意的是，非居民的工资薪金所得应纳税所得额的计算过程中没有专项扣除即"三险一金"这一项目。

3. 如果纳税人从非居民个人转变为居民个人，那么在转变为居民个人的当月起，并不需要马上就更改预缴方式和计算方式，而是在一个纳税年度内税款扣缴方法保持不变，到年度终了再进行汇算清缴。至于年中进行直接代扣代缴的税款，在年末汇算清缴时变成了已经预扣预缴的税款进行扣除。

其实际意思是：虽然在年中，非居民变成了居民，按理说应该当月起就按照预扣预缴的办法计算纳税，但因为实务操作实在麻烦，因此就规定当年的计税方法仍然不变（继续按照非居民的计税方法），具体税款调整到年底按照汇算清缴流程进行。

4. 非居民的这几项综合所得的税率表如下：

（非居民个人工资、薪金所得，劳务报酬所得，稿酬所得，特许权使用费所得适用）

扫码后输入"表16"，可获取本表。

级数	应纳税所得额	税率（%）	速算扣除数
1	不超过3000元的部分	3	0
2	超过3000元至12000元的部分	10	210
3	超过12000元至25000元的部分	20	1410
4	超过25000元至35000元的部分	25	2660
5	超过35000元至55000元的部分	30	4410
6	超过55000元至80000元的部分	35	7160
7	超过80000元的部分	45	15160

第二节　其他几项分类所得的扣缴申报

一、扣缴办法规定

扣缴义务人支付利息、股息、红利所得，财产租赁所得，财产转让所得或者偶然所得时，应当依法按次或者按月代扣代缴税款。

二、实务要点

1. 这几项的算法略有不同，具体详见新条例的讲解（第一部分第二章第六节应纳税所得额）。

2. 对于"次"的理解也需要注意，详见新条例的讲解（第一部分第二章第六节应纳税所得额）。

3. 这部分属于直接代扣代缴，不存在"预扣预缴""汇算清缴"的说法，即税款是不需要再重新计算的。

第五章 其他程序规定

一、扣缴信息反馈

1. 办法规定

支付工资、薪金所得的扣缴义务人应当于年度终了后两个月内，向纳税人提供其个人所得和已扣缴税款等信息。纳税人年度中间需要提供上述信息的，扣缴义务人应当提供。

纳税人取得除工资、薪金所得以外的其他所得，扣缴义务人应当在扣缴税款后，及时向纳税人提供其个人所得和已扣缴税款等信息。

2. 实务要点

（1）扣缴义务人应当把纳税人工资、薪金所得的扣缴情况主动进行告知，时间是次年的 3 月 1 日前。

（2）其他的七项所得，应当及时提供信息，并未限定时间。

二、信息报告

1. 办法规定

扣缴义务人依法履行代扣代缴义务，纳税人不得拒绝。纳税人拒绝的，扣缴义务人应当及时报告税务机关。

扣缴义务人应当按照纳税人提供的信息计算税款、办理扣缴申报，不得擅自更改纳税人提供的信息。

扣缴义务人发现纳税人提供的信息与实际情况不符的，可以要求纳税人修改。纳税人拒绝修改的，扣缴义务人应当报告税务机关，税务机关应当及时处理。

纳税人发现扣缴义务人提供或者扣缴申报的个人信息、支付所得、扣缴税款等信息与实际情况不符的，有权要求扣缴义务人修改。扣缴义务人拒绝修改的，纳税人应当报告税务机关，税务机关应当及时处理。

2.实务要点

扣缴义务人和纳税人之间，如果任意一方不配合、数据不准确，均可报告税务机关，税务机关及时处理。

三、资料留存

1.办法规定

扣缴义务人对纳税人提供的《个人所得税专项附加扣除信息表》，应当按照规定妥善保存备查。

扣缴义务人应当依法对纳税人报送的专项附加扣除等相关涉税信息和资料保密。

2.实务要点

扣缴义务人保存资料的规定期限是 5 年，这是在《个人所得税专项附加扣除操作办法（试行）》中明确的：

纳税人报送给扣缴义务人的《扣除信息表》，扣缴义务人应当自预扣预缴年度的次年起留存五年。

其隐含意思是，如果因为未好好保存导致税款错误，则扣缴义务人会承担相应责任。

附 录

国家税务总局关于全面实施
新个人所得税法若干征管衔接问题的公告

国家税务总局公告 2018 年第 56 号

为贯彻落实新修改的《中华人民共和国个人所得税法》（以下简称"新个人所得税法"），现就全面实施新个人所得税法后扣缴义务人对居民个人工资、薪金所得，劳务报酬所得，稿酬所得，特许权使用费所得预扣预缴个人所得税的计算方法，对非居民个人上述四项所得扣缴个人所得税的计算方法，公告如下：

一、居民个人预扣预缴方法

扣缴义务人向居民个人支付工资、薪金所得，劳务报酬所得，稿酬所得，特许权使用费所得时，按以下方法预扣预缴个人所得税，并向主管税务机关报送《个人所得税扣缴申报表》（见附件 1）。年度预扣预缴税额与年度应纳税额不一致的，由居民个人于次年 3 月 1 日至 6 月 30 日向主管税务机关办理综合所得年度汇算清缴，税款多退少补。

（一）扣缴义务人向居民个人支付工资、薪金所得时，应当按照累计预扣法计算预扣税款，并按月办理全员全额扣缴申报。具体计算公式如下：

本期应预扣预缴税额 =（累计预扣预缴应纳税所得额 × 预扣率 − 速算扣除数）− 累计减免税额 − 累计已预扣预缴税额

累计预扣预缴应纳税所得额 = 累计收入 − 累计免税收入 − 累计减除费用 − 累计专项扣除 − 累计专项附加扣除 − 累计依法确定的其他扣除

其中：累计减除费用，按照 5000 元 / 月乘以纳税人当年截至本月在本单位的任职受雇月份数计算。

上述公式中，计算居民个人工资、薪金所得预扣预缴税额的预扣率、速算扣除数，按《个人所得税预扣率表一》（见附件 2）执行。

（二）扣缴义务人向居民个人支付劳务报酬所得、稿酬所得、特许权使用费所得，按次或者按月预扣预缴个人所得税。具体预扣预缴方法如下：

劳务报酬所得、稿酬所得、特许权使用费所得以收入减除费用后的余额为收入额。其中，稿酬所得的收入额减按百分之七十计算。

减除费用：劳务报酬所得、稿酬所得、特许权使用费所得每次收入不超过四千元的，减除费用按八百元计算；每次收入四千元以上的，减除费用按百分之二十计算。

应纳税所得额：劳务报酬所得、稿酬所得、特许权使用费所得，以每次收入额为预扣预缴应纳税所得额。劳务报酬所得适用百分之二十至百分之四十的超额累进预扣率（见附件2《个人所得税预扣率表二》），稿酬所得、特许权使用费所得适用百分之二十的比例预扣率。

劳务报酬所得应预扣预缴税额 = 预扣预缴应纳税所得额 × 预扣率 − 速算扣除数

稿酬所得、特许权使用费所得应预扣预缴税额 = 预扣预缴应纳税所得额 ×20%

二、非居民个人扣缴方法

扣缴义务人向非居民个人支付工资、薪金所得，劳务报酬所得，稿酬所得和特许权使用费所得时，应当按以下方法按月或者按次代扣代缴个人所得税：

非居民个人的工资、薪金所得，以每月收入额减除费用五千元后的余额为应纳税所得额；劳务报酬所得、稿酬所得、特许权使用费所得，以每次收入额为应纳税所得额，适用按月换算后的非居民个人月度税率表（见附件2《个人所得税税率表三》）计算应纳税额。其中，劳务报酬所得、稿酬所得、特许权使用费所得以收入减除百分之二十的费用后的余额为收入额。稿酬所得的收入额减按百分之七十计算。

非居民个人工资、薪金所得，劳务报酬所得，稿酬所得，特许权使用费所得应纳税额 = 应纳税所得额 × 税率 − 速算扣除数

本公告自 2019 年 1 月 1 日起施行。

特此公告。

附件：1.《个人所得税扣缴申报表》及填表说明（略）
　　　2. 个人所得税税率表及预扣率表

国家税务总局
2018 年 12 月 19 日

附件 2

个人所得税预扣率表一
（居民个人工资、薪金所得预扣预缴适用）

级数	累计预扣预缴应纳税所得额	预扣率（%）	速算扣除数
1	不超过36000元的部分	3	0
2	超过36000元至144000元的部分	10	2520
3	超过144000元至300000元的部分	20	16920
4	超过300000元至420000元的部分	25	31920
5	超过420000元至660000元的部分	30	52920
6	超过660000元至960000元的部分	35	85920
7	超过960000元的部分	45	181920

个人所得税预扣率表二
（居民个人劳务报酬所得预扣预缴适用）

级数	预扣预缴应纳税所得额	预扣率（%）	速算扣除数
1	不超过20000元的	20	0
2	超过20000元至50000元的部分	30	2000
3	超过50000元的部分	40	7000

个人所得税税率表三
（非居民个人工资、薪金所得，劳务报酬所得，稿酬所得，特许权使用费所得适用）

级数	应纳税所得额	税率（%）	速算扣除数
1	不超过3000元的	3	0
2	超过3000元至12000元的部分	10	210
3	超过12000元至25000元的部分	20	1410
4	超过25000元至35000元的部分	25	2660
5	超过35000元至55000元的部分	30	4410
6	超过55000元至80000元的部分	35	7160
7	超过80000元的部分	45	15160

国家税务总局关于发布
《个人所得税扣缴申报管理办法（试行）》的公告

国家税务总局公告 2018 年第 61 号

为贯彻落实新修改的《中华人民共和国个人所得税法》及其实施条例，国家税务总局制定了《个人所得税扣缴申报管理办法（试行）》，现予以发布，自 2019 年 1 月 1 日起施行。

特此公告。

附件：个人所得税税率表及预扣率表（略）

国家税务总局
2018 年 12 月 21 日

个人所得税扣缴申报管理办法（试行）

第一条　为规范个人所得税扣缴申报行为，维护纳税人和扣缴义务人合法权益，根据《中华人民共和国个人所得税法》及其实施条例、《中华人民共和国税收征收管理法》及其实施细则等法律法规的规定，制定本办法。

第二条　扣缴义务人，是指向个人支付所得的单位或者个人。扣缴义务人应当依法办理全员全额扣缴申报。

全员全额扣缴申报，是指扣缴义务人应当在代扣税款的次月十五日内，向主管税务机关报送其支付所得的所有个人的有关信息、支付所得数额、扣除事项和数额、扣缴税款的具体数额和总额以及其他相关涉税信息资料。

第三条　扣缴义务人每月或者每次预扣、代扣的税款，应当在次月十五日内缴入国库，并向税务机关报送《个人所得税扣缴申报表》。

第四条　实行个人所得税全员全额扣缴申报的应税所得包括：

（一）工资、薪金所得；

（二）劳务报酬所得；

（三）稿酬所得；

（四）特许权使用费所得；

（五）利息、股息、红利所得；

（六）财产租赁所得；

（七）财产转让所得；

（八）偶然所得。

第五条　扣缴义务人首次向纳税人支付所得时，应当按照纳税人提供的纳税人识别号等基础信息，填写《个人所得税基础信息表（A表）》，并于次月扣缴申报时向税务机关报送。

扣缴义务人对纳税人向其报告的相关基础信息变化情况，应当于次月扣缴申报时向税务机关报送。

第六条　扣缴义务人向居民个人支付工资、薪金所得时，应当按照累计预扣法计算预扣税款，并按月办理扣缴申报。

累计预扣法，是指扣缴义务人在一个纳税年度内预扣预缴税款时，以纳税人在本单位截至当前月份工资、薪金所得累计收入减除累计免税收入、累计减除费用、累计专项扣除、累计专项附加扣除和累计依法确定的其他扣除后的余额为累计预扣预缴应纳税所得额，适用个人所得税预扣率表一（见附件），计算累计应预扣预缴税额，再减除累计减免税额和累计已预扣预缴税额，其余额为本期应预扣预缴税额。余额为负值时，暂不退税。纳税年度终了后余额仍为负值时，由纳税人通过办理综合所得年度汇算清缴，税款多退少补。

具体计算公式如下：

本期应预扣预缴税额 ＝（累计预扣预缴应纳税所得额 × 预扣率 － 速算扣除数)－累计减免税额 － 累计已预扣预缴税额

累计预扣预缴应纳税所得额 ＝ 累计收入 － 累计免税收入 － 累计减除费用 － 累计专项扣除 － 累计专项附加扣除 － 累计依法确定的其他扣除

其中：累计减除费用，按照 5000 元 / 月乘以纳税人当年截至本月在本单位的任职受雇月份数计算。

第七条　居民个人向扣缴义务人提供有关信息并依法要求办理专项附加扣除的，扣缴义务人应当按照规定在工资、薪金所得按月预扣预缴税款时予以扣除，不得拒绝。

第八条　扣缴义务人向居民个人支付劳务报酬所得、稿酬所得、特许权使用费所得时，应当按照以下方法按次或者按月预扣预缴税款：

劳务报酬所得、稿酬所得、特许权使用费所得以收入减除费用后的余额为收入额；其中，稿酬所得的收入额减按百分之七十计算。

减除费用：预扣预缴税款时，劳务报酬所得、稿酬所得、特许权使用费所得每次收入不超过四千元的，减除费用按八百元计算；每次收入四千元以上的，减除费用按收入的百分之二十计算。

应纳税所得额：劳务报酬所得、稿酬所得、特许权使用费所得，以每次收入额为预扣预缴应纳税所得额，计算应预扣预缴税额。劳务报酬所得适用个人所得税预扣率表二（见附件），稿酬所得、特许权使用费所得适用百分之二十的比例预扣率。

居民个人办理年度综合所得汇算清缴时，应当依法计算劳务报酬所得、稿酬所得、特许权使用费所得的收入额，并入年度综合所得计算应纳税款，税款多退少补。

第九条　扣缴义务人向非居民个人支付工资、薪金所得，劳务报酬所得，稿酬所得和特许权使用费所得时，应当按照以下方法按月或者按次代扣代缴税款：

非居民个人的工资、薪金所得，以每月收入额减除费用五千元后的余额为应纳税所得额；劳务报酬所得、稿酬所得、特许权使用费所得，以每次收入额为应纳税所得额，适用个人所得税税率表三（见附件）计算应纳税额。劳务报酬所得、稿酬所得、特许权使用费所得以收入减除百分之二十的费用后的余额为收入额；其中，稿酬所得的收入额减按百分之七十计算。

非居民个人在一个纳税年度内税款扣缴方法保持不变，达到居民个人条件时，应当告知扣缴义务人基础信息变化情况，年度终了后按照居民个人有关规定办理汇算清缴。

第十条　扣缴义务人支付利息、股息、红利所得，财产租赁所得，财产转让所得或者偶然所得时，应当依法按次或者按月代扣代缴税款。

第十一条　劳务报酬所得、稿酬所得、特许权使用费所得，属于一次性收入的，以取得该项收入为一次；属于同一项目连续性收入的，以一个月内取得的收入为一次。

财产租赁所得，以一个月内取得的收入为一次。

利息、股息、红利所得，以支付利息、股息、红利时取得的收入为一次。

偶然所得，以每次取得该项收入为一次。

第十二条　纳税人需要享受税收协定待遇的，应当在取得应税所得时主动向扣缴义务人提出，并提交相关信息、资料，扣缴义务人代扣代缴税款时按照享受税收协定待遇有关办法办理。

第十三条　支付工资、薪金所得的扣缴义务人应当于年度终了后两个月内，向纳税人提供其个人所得和已扣缴税款等信息。纳税人年度中间需要提供上述信息的，扣缴义务人应当提供。

纳税人取得除工资、薪金所得以外的其他所得，扣缴义务人应当在扣缴税款后，及时向纳税人提供其个人所得和已扣缴税款等信息。

第十四条　扣缴义务人应当按照纳税人提供的信息计算税款、办理扣缴申报，不得擅自更改纳税人提供的信息。

扣缴义务人发现纳税人提供的信息与实际情况不符的，可以要求纳税人修改。纳税人拒绝修改的，扣缴义务人应当报告税务机关，税务机关应当及时处理。

纳税人发现扣缴义务人提供或者扣缴申报的个人信息、支付所得、扣缴税款等信息与实际情况不符的，有权要求扣缴义务人修改。扣缴义务人拒绝修改的，纳税人应当报告税务机关，税务机关应当及时处理。

第十五条　扣缴义务人对纳税人提供的《个人所得税专项附加扣除信息表》，应当按照规定妥善保存备查。

第十六条　扣缴义务人应当依法对纳税人报送的专项附加扣除等相关涉税信息和资料保密。

第十七条　对扣缴义务人按照规定扣缴的税款，按年付给百分之二的手续费。不包括税务机关、司法机关等查补或者责令补扣的税款。

扣缴义务人领取的扣缴手续费可用于提升办税能力、奖励办税人员。

第十八条　扣缴义务人依法履行代扣代缴义务，纳税人不得拒绝。纳税人拒绝的，扣缴义务人应当及时报告税务机关。

第十九条　扣缴义务人有未按照规定向税务机关报送资料和信息、未按照纳税人提供信息虚报虚扣专项附加扣除、应扣未扣税款、不缴或少缴已扣税款、借用或冒用他人身份等行为的，依照《中华人民共和国税收征收管理法》等相关法律、行政法规处理。

第二十条　本办法相关表证单书式样，由国家税务总局另行制定发布。

第二十一条　本办法自 2019 年 1 月 1 日起施行。《国家税务总局关于印发〈个人所得税全员全额扣缴申报管理暂行办法〉的通知》（国税发〔2005〕205 号）同时废止。

国务院关于印发个人所得税专项附加
扣除暂行办法的通知

国发〔2018〕41号

各省、自治区、直辖市人民政府，国务院各部委、各直属机构：

现将《个人所得税专项附加扣除暂行办法》印发给你们，请认真贯彻执行。

国务院

2018年12月13日

个人所得税专项附加扣除暂行办法

第一章 总 则

第一条 根据《中华人民共和国个人所得税法》（以下简称个人所得税法）规定，制定本办法。

第二条 本办法所称个人所得税专项附加扣除，是指个人所得税法规定的子女教育、继续教育、大病医疗、住房贷款利息或者住房租金、赡养老人等6项专项附加扣除。

第三条 个人所得税专项附加扣除遵循公平合理、利于民生、简便易行的原则。

第四条 根据教育、医疗、住房、养老等民生支出变化情况，适时调整专项附加扣除范围和标准。

第二章 子女教育

第五条 纳税人的子女接受全日制学历教育的相关支出，按照每个子女每月1000元的标准定额扣除。

学历教育包括义务教育（小学、初中教育）、高中阶段教育（普通高中、中等职业、技工教育）、高等教育（大学专科、大学本科、硕士研究生、博士研究生教育）。

年满3岁至小学入学前处于学前教育阶段的子女，按本条第一款规定执行。

第六条 父母可以选择由其中一方按扣除标准的100%扣除，也可以选择由双方分别按扣除标准的50%扣除，具体扣除方式在一个纳税年度内不能变更。

第七条 纳税人子女在中国境外接受教育的，纳税人应当留存境外学校录取通知书、留学签证等相关教育的证明资料备查。

第三章 继续教育

第八条 纳税人在中国境内接受学历（学位）继续教育的支出，在学历（学位）教育期间按照每月 400 元定额扣除。同一学历（学位）继续教育的扣除期限不能超过 48 个月。纳税人接受技能人员职业资格继续教育、专业技术人员职业资格继续教育的支出，在取得相关证书的当年，按照 3600 元定额扣除。

第九条 个人接受本科及以下学历（学位）继续教育，符合本办法规定扣除条件的，可以选择由其父母扣除，也可以选择由本人扣除。

第十条 纳税人接受技能人员职业资格继续教育、专业技术人员职业资格继续教育的，应当留存相关证书等资料备查。

第四章 大病医疗

第十一条 在一个纳税年度内，纳税人发生的与基本医保相关的医药费用支出，扣除医保报销后个人负担（指医保目录范围内的自付部分）累计超过 15000 元的部分，由纳税人在办理年度汇算清缴时，在 80000 元限额内据实扣除。

第十二条 纳税人发生的医药费用支出可以选择由本人或者其配偶扣除；未成年子女发生的医药费用支出可以选择由其父母一方扣除。

纳税人及其配偶、未成年子女发生的医药费用支出，按本办法第十一条规定分别计算扣除额。

第十三条 纳税人应当留存医药服务收费及医保报销相关票据原件（或者复印件）等资料备查。医疗保障部门应当向患者提供在医疗保障信息系统记录的本人年度医药费用信息查询服务。

第五章 住房贷款利息

第十四条 纳税人本人或者配偶单独或者共同使用商业银行或者住房公积金个人住房贷款为本人或者其配偶购买中国境内住房，发生的首套住房贷款利息支出，在实际发生贷款利息的年度，按照每月 1000 元的标准定额扣除，扣除期限最长不超过 240 个月。纳税人只能享受一次首套住房贷款的利息扣除。

本办法所称首套住房贷款是指购买住房享受首套住房贷款利率的住房贷款。

第十五条 经夫妻双方约定，可以选择由其中一方扣除，具体扣除方式在一个纳税年度内不能变更。

夫妻双方婚前分别购买住房发生的首套住房贷款，其贷款利息支出，婚后可以选择其中一套购买的住房，由购买方按扣除标准的 100% 扣除，也可以由夫妻双方对各自购买的住房分别按扣除标准的 50% 扣除，具体扣除方式在一个纳税年度内不能变更。

第十六条　纳税人应当留存住房贷款合同、贷款还款支出凭证备查。

第六章　住房租金

第十七条　纳税人在主要工作城市没有自有住房而发生的住房租金支出，可以按照以下标准定额扣除：

（一）直辖市、省会（首府）城市、计划单列市以及国务院确定的其他城市，扣除标准为每月 1500 元；

（二）除第一项所列城市以外，市辖区户籍人口超过 100 万的城市，扣除标准为每月 1100 元；市辖区户籍人口不超过 100 万的城市，扣除标准为每月 800 元。

纳税人的配偶在纳税人的主要工作城市有自有住房的，视同纳税人在主要工作城市有自有住房。

市辖区户籍人口，以国家统计局公布的数据为准。

第十八条　本办法所称主要工作城市是指纳税人任职受雇的直辖市、计划单列市、副省级城市、地级市（地区、州、盟）全部行政区域范围；纳税人无任职受雇单位的，为受理其综合所得汇算清缴的税务机关所在城市。

夫妻双方主要工作城市相同的，只能由一方扣除住房租金支出。

第十九条　住房租金支出由签订租赁住房合同的承租人扣除。

第二十条　纳税人及其配偶在一个纳税年度内不能同时分别享受住房贷款利息和住房租金专项附加扣除。

第二十一条　纳税人应当留存住房租赁合同、协议等有关资料备查。

第七章　赡养老人

第二十二条　纳税人赡养一位及以上被赡养人的赡养支出，统一按照以下标准定额扣除：

（一）纳税人为独生子女的，按照每月 2000 元的标准定额扣除；

（二）纳税人为非独生子女的，由其与兄弟姐妹分摊每月 2000 元的扣除额度，每人分摊的额度不能超过每月 1000 元。可以由赡养人均摊或者约定分摊，也可以由被赡养人指定分摊。约定或者指定分摊的须签订书面分摊协议，指定分摊优先于约定分摊。具体分摊方式和额度在一个纳税年度内不能变更。

第二十三条　本办法所称被赡养人是指年满 60 岁的父母，以及子女均已去世的年满 60 岁的祖父母、外祖父母。

第八章　保障措施

　　第二十四条　纳税人向收款单位索取发票、财政票据、支出凭证，收款单位不能拒绝提供。

　　第二十五条　纳税人首次享受专项附加扣除，应当将专项附加扣除相关信息提交扣缴义务人或者税务机关，扣缴义务人应当及时将相关信息报送税务机关，纳税人对所提交信息的真实性、准确性、完整性负责。专项附加扣除信息发生变化的，纳税人应当及时向扣缴义务人或者税务机关提供相关信息。

　　前款所称专项附加扣除相关信息，包括纳税人本人、配偶、子女、被赡养人等个人身份信息，以及国务院税务主管部门规定的其他与专项附加扣除相关的信息。

　　本办法规定纳税人需要留存备查的相关资料应当留存五年。

　　第二十六条　有关部门和单位有责任和义务向税务部门提供或者协助核实以下与专项附加扣除有关的信息：

　　（一）公安部门有关户籍人口基本信息、户成员关系信息、出入境证件信息、相关出国人员信息、户籍人口死亡标识等信息；

　　（二）卫生健康部门有关出生医学证明信息、独生子女信息；

　　（三）民政部门、外交部门、法院有关婚姻状况信息；

　　（四）教育部门有关学生学籍信息（包括学历继续教育学生学籍、考籍信息）、在相关部门备案的境外教育机构资质信息；

　　（五）人力资源社会保障等部门有关技工院校学生学籍信息、技能人员职业资格继续教育信息、专业技术人员职业资格继续教育信息；

　　（六）住房城乡建设部门有关房屋（含公租房）租赁信息、住房公积金管理机构有关住房公积金贷款还款支出信息；

　　（七）自然资源部门有关不动产登记信息；

　　（八）人民银行、金融监督管理部门有关住房商业贷款还款支出信息；

　　（九）医疗保障部门有关在医疗保障信息系统记录的个人负担的医药费用信息；

　　（十）国务院税务主管部门确定需要提供的其他涉税信息。

　　上述数据信息的格式、标准、共享方式，由国务院税务主管部门及各省、自治区、直辖市和计划单列市税务局商有关部门确定。

　　有关部门和单位拥有专项附加扣除涉税信息，但未按规定要求向税务部门提供的，拥有涉税信息的部门或者单位的主要负责人及相关人员承担相应责任。

　　第二十七条　扣缴义务人发现纳税人提供的信息与实际情况不符的，可以要求纳税人修改。纳税人拒绝修改的，扣缴义务人应当报告税务机关，税务机关应当及时处理。

第二十八条　税务机关核查专项附加扣除情况时，纳税人任职受雇单位所在地、经常居住地、户籍所在地的公安派出所、居民委员会或者村民委员会等有关单位和个人应当协助核查。

第九章　附　则

第二十九条　本办法所称父母，是指生父母、继父母、养父母。本办法所称子女，是指婚生子女、非婚生子女、继子女、养子女。父母之外的其他人担任未成年人的监护人的，比照本办法规定执行。

第三十条　个人所得税专项附加扣除额一个纳税年度扣除不完的，不能结转以后年度扣除。

第三十一条　个人所得税专项附加扣除具体操作办法，由国务院税务主管部门另行制定。

第三十二条　本办法自 2019 年 1 月 1 日起施行。

国家税务总局关于发布《个人所得税专项附加扣除操作办法（试行）》的公告

国家税务总局公告 2018 年第 60 号

为贯彻落实新修改的《中华人民共和国个人所得税法》和《国务院关于印发个人所得税专项附加扣除暂行办法的通知》（国发〔2018〕41 号），国家税务总局制定了《个人所得税专项附加扣除操作办法（试行）》。现予以发布，自 2019 年 1 月 1 日起施行。

特此公告。

附件：个人所得税专项附加扣除信息表及填表说明

国家税务总局

2018 年 12 月 21 日

个人所得税专项附加扣除操作办法（试行）

第一章　总　则

第一条　为了规范个人所得税专项附加扣除行为，切实维护纳税人合法权益，根据新修改的《中华人民共和国个人所得税法》及其实施条例、《中华人民共和国税收征收管理法》及其实施细则、《国务院关于印发个人所得税专项附加扣除暂行办法的通知》（国发〔2018〕41号）的规定，制定本办法。

第二条　纳税人享受子女教育、继续教育、大病医疗、住房贷款利息或者住房租金、赡养老人专项附加扣除的，依照本办法规定办理。

第二章　享受扣除及办理时间

第三条　纳税人享受符合规定的专项附加扣除的计算时间分别为：

（一）子女教育。学前教育阶段，为子女年满3周岁当月至小学入学前一月。学历教育，为子女接受全日制学历教育入学的当月至全日制学历教育结束的当月。

（二）继续教育。学历（学位）继续教育，为在中国境内接受学历（学位）继续教育入学的当月至学历（学位）继续教育结束的当月，同一学历（学位）继续教育的扣除期限最长不得超过48个月。技能人员职业资格继续教育、专业技术人员职业资格继续教育，为取得相关证书的当年。

（三）大病医疗。为医疗保障信息系统记录的医药费用实际支出的当年。

（四）住房贷款利息。为贷款合同约定开始还款的当月至贷款全部归还或贷款合同终止的当月，扣除期限最长不得超过240个月。

（五）住房租金。为租赁合同（协议）约定的房屋租赁期开始的当月至租赁期结束的当月。提前终止合同（协议）的，以实际租赁期限为准。

（六）赡养老人。为被赡养人年满60周岁的当月至赡养义务终止的年末。

前款第一项、第二项规定的学历教育和学历（学位）继续教育的期间，包含因病或其他非主观原因休学但学籍继续保留的休学期间，以及施教机构按规定组织实施的寒暑假等假期。

第四条　享受子女教育、继续教育、住房贷款利息或者住房租金、赡养老人专项附加扣除的纳税人，自符合条件开始，可以向支付工资、薪金所得的扣缴义务人提供上述专项附加扣除有关信息，由扣缴义务人在预扣预缴税款时，按其在本单位本年可享受的累计扣除额办理扣除；也可以在次年3月1日至6月30日内，向汇缴地主管税务机关办理汇算清缴申报时扣除。

纳税人同时从两处以上取得工资、薪金所得，并由扣缴义务人办理上述专项附加扣除的，对同一专项附加扣除项目，一个纳税年度内，纳税人只能选择从其中一处扣除。

享受大病医疗专项附加扣除的纳税人，由其在次年 3 月 1 日至 6 月 30 日内，自行向汇缴地主管税务机关办理汇算清缴申报时扣除。

第五条　扣缴义务人办理工资、薪金所得预扣预缴税款时，应当根据纳税人报送的《个人所得税专项附加扣除信息表》（以下简称《扣除信息表》，见附件）为纳税人办理专项附加扣除。

纳税人年度中间更换工作单位的，在原单位任职、受雇期间已享受的专项附加扣除金额，不得在新任职、受雇单位扣除。原扣缴义务人应当自纳税人离职不再发放工资薪金所得的当月起，停止为其办理专项附加扣除。

第六条　纳税人未取得工资、薪金所得，仅取得劳务报酬所得、稿酬所得、特许权使用费所得需要享受专项附加扣除的，应当在次年 3 月 1 日至 6 月 30 日内，自行向汇缴地主管税务机关报送《扣除信息表》，并在办理汇算清缴申报时扣除。

第七条　一个纳税年度内，纳税人在扣缴义务人预扣预缴税款环节未享受或未足额享受专项附加扣除的，可以在当年内向支付工资、薪金的扣缴义务人申请在剩余月份发放工资、薪金时补充扣除，也可以在次年 3 月 1 日至 6 月 30 日内，向汇缴地主管税务机关办理汇算清缴时申报扣除。

第三章　报送信息及留存备查资料

第八条　纳税人选择在扣缴义务人发放工资、薪金所得时享受专项附加扣除的，首次享受时应当填写并向扣缴义务人报送《扣除信息表》；纳税年度中间相关信息发生变化的，纳税人应当更新《扣除信息表》相应栏次，并及时报送给扣缴义务人。

更换工作单位的纳税人，需要由新任职、受雇扣缴义务人办理专项附加扣除的，应当在入职的当月，填写并向扣缴义务人报送《扣除信息表》。

第九条　纳税人次年需要由扣缴义务人继续办理专项附加扣除的，应当于每年12 月份对次年享受专项附加扣除的内容进行确认，并报送至扣缴义务人。纳税人未及时确认的，扣缴义务人于次年 1 月起暂停扣除，待纳税人确认后再行办理专项附加扣除。

扣缴义务人应当将纳税人报送的专项附加扣除信息，在次月办理扣缴申报时一并报送至主管税务机关。

第十条　纳税人选择在汇算清缴申报时享受专项附加扣除的，应当填写并向汇缴地主管税务机关报送《扣除信息表》。

第十一条 纳税人将需要享受的专项附加扣除项目信息填报至《扣除信息表》相应栏次。填报要素完整的，扣缴义务人或者主管税务机关应当受理；填报要素不完整的，扣缴义务人或者主管税务机关应当及时告知纳税人补正或重新填报。纳税人未补正或重新填报的，暂不办理相关专项附加扣除，待纳税人补正或重新填报后再行办理。

第十二条 纳税人享受子女教育专项附加扣除，应当填报配偶及子女的姓名、身份证件类型及号码、子女当前受教育阶段及起止时间、子女就读学校以及本人与配偶之间扣除分配比例等信息。

纳税人需要留存备查资料包括：子女在境外接受教育的，应当留存境外学校录取通知书、留学签证等境外教育佐证资料。

第十三条 纳税人享受继续教育专项附加扣除，接受学历（学位）继续教育的，应当填报教育起止时间、教育阶段等信息；接受技能人员或者专业技术人员职业资格继续教育的，应当填报证书名称、证书编号、发证机关、发证（批准）时间等信息。

纳税人需要留存备查资料包括：纳税人接受技能人员职业资格继续教育、专业技术人员职业资格继续教育的，应当留存职业资格相关证书等资料。

第十四条 纳税人享受住房贷款利息专项附加扣除，应当填报住房权属信息、住房坐落地址、贷款方式、贷款银行、贷款合同编号、贷款期限、首次还款日期等信息；纳税人有配偶的，填写配偶姓名、身份证件类型及号码。

纳税人需要留存备查资料包括：住房贷款合同、贷款还款支出凭证等资料。

第十五条 纳税人享受住房租金专项附加扣除，应当填报主要工作城市、租赁住房坐落地址、出租人姓名及身份证件类型和号码或者出租方单位名称及纳税人识别号（社会统一信用代码）、租赁起止时间等信息；纳税人有配偶的，填写配偶姓名、身份证件类型及号码。

纳税人需要留存备查资料包括：住房租赁合同或协议等资料。

第十六条 纳税人享受赡养老人专项附加扣除，应当填报纳税人是否为独生子女、月扣除金额、被赡养人姓名及身份证件类型和号码、与纳税人关系；有共同赡养人的，需填报分摊方式、共同赡养人姓名及身份证件类型和号码等信息。

纳税人需要留存备查资料包括：约定或指定分摊的书面分摊协议等资料。

第十七条 纳税人享受大病医疗专项附加扣除，应当填报患者姓名、身份证件类型及号码、与纳税人关系、与基本医保相关的医药费用总金额、医保目录范围内个人负担的自付金额等信息。

纳税人需要留存备查资料包括：大病患者医药服务收费及医保报销相关票据原

件或复印件，或者医疗保障部门出具的纳税年度医药费用清单等资料。

第十八条　纳税人应当对报送的专项附加扣除信息的真实性、准确性、完整性负责。

第四章　信息报送方式

第十九条　纳税人可以通过远程办税端、电子或者纸质报表等方式，向扣缴义务人或者主管税务机关报送个人专项附加扣除信息。

第二十条　纳税人选择纳税年度内由扣缴义务人办理专项附加扣除的，按下列规定办理：

（一）纳税人通过远程办税端选择扣缴义务人并报送专项附加扣除信息的，扣缴义务人根据接收的扣除信息办理扣除。

（二）纳税人通过填写电子或者纸质《扣除信息表》直接报送扣缴义务人的，扣缴义务人将相关信息导入或者录入扣缴端软件，并在次月办理扣缴申报时提交给主管税务机关。《扣除信息表》应当一式两份，纳税人和扣缴义务人签字（章）后分别留存备查。

第二十一条　纳税人选择年度终了后办理汇算清缴申报时享受专项附加扣除的，既可以通过远程办税端报送专项附加扣除信息，也可以将电子或者纸质《扣除信息表》（一式两份）报送给汇缴地主管税务机关。

报送电子《扣除信息表》的，主管税务机关受理打印，交由纳税人签字后，一份由纳税人留存备查，一份由税务机关留存；报送纸质《扣除信息表》的，纳税人签字确认、主管税务机关受理签章后，一份退还纳税人留存备查，一份由税务机关留存。

第二十二条　扣缴义务人和税务机关应当告知纳税人办理专项附加扣除的方式和渠道，鼓励并引导纳税人采用远程办税端报送信息。

第五章　后续管理

第二十三条　纳税人应当将《扣除信息表》及相关留存备查资料，自法定汇算清缴期结束后保存五年。

纳税人报送给扣缴义务人的《扣除信息表》，扣缴义务人应当自预扣预缴年度的次年起留存五年。

第二十四条　纳税人向扣缴义务人提供专项附加扣除信息的，扣缴义务人应当按照规定予以扣除，不得拒绝。扣缴义务人应当为纳税人报送的专项附加扣除信息保密。

第二十五条　扣缴义务人应当及时按照纳税人提供的信息计算办理扣缴申报，不得擅自更改纳税人提供的相关信息。

扣缴义务人发现纳税人提供的信息与实际情况不符，可以要求纳税人修改。纳税人拒绝修改的，扣缴义务人应当向主管税务机关报告，税务机关应当及时处理。

除纳税人另有要求外，扣缴义务人应当于年度终了后两个月内，向纳税人提供已办理的专项附加扣除项目及金额等信息。

第二十六条　税务机关定期对纳税人提供的专项附加扣除信息开展抽查。

第二十七条　税务机关核查时，纳税人无法提供留存备查资料，或者留存备查资料不能支持相关情况的，税务机关可以要求纳税人提供其他佐证；不能提供其他佐证材料，或者佐证材料仍不足以支持的，不得享受相关专项附加扣除。

第二十八条　税务机关核查专项附加扣除情况时，可以提请有关单位和个人协助核查，相关单位和个人应当协助。

第二十九条　纳税人有下列情形之一的，主管税务机关应当责令其改正；情形严重的，应当纳入有关信用信息系统，并按照国家有关规定实施联合惩戒；涉及违反税收征管法等法律法规的，税务机关依法进行处理：

（一）报送虚假专项附加扣除信息；

（二）重复享受专项附加扣除；

（三）超范围或标准享受专项附加扣除；

（四）拒不提供留存备查资料；

（五）税务总局规定的其他情形。

纳税人在任职、受雇单位报送虚假扣除信息的，税务机关责令改正的同时，通知扣缴义务人。

第三十条　本办法自 2019 年 1 月 1 日起施行。

附件

个人所得税专项附加扣除信息表

填报日期： 年 月 日
扣除年度：
纳税人姓名：
纳税人识别号：□□□□□□□□□□□□□□□□□□

纳税人信息	手机号码		电子邮箱	
	联系地址		配偶情况	□有配偶 □无配偶
纳税人配偶信息	姓名		身份证件号码	□□□□□□□□□□□□□□□□□□

一、子女教育

较上次报送信息是否发生变化：□首次报送（请填写全部信息）　□无变化（不需要填写）　□有变化（请填写发生变化项目的信息）

子女一	姓名		身份证件类型		身份证件号码	□□□□□□□□□□□□□□□□□□
	出生日期	年 月	当前受教育阶段		□学前教育 □高中阶段教育 □高等教育	
	当前受教育阶段起始时间	年 月	当前受教育阶段结束时间		年 月	
	就读国家（或地区）		就读学校		子女教育终止时间 *不再受教育时填写	年 月
					本人扣除比例 □100%（全额扣除）□50%（平均扣除）	

子女二	姓名		身份证件类型		身份证件号码	□□□□□□□□□□□□□□□□□□
	出生日期	年 月	当前受教育阶段		□学前教育 □高中阶段教育 □高等教育	
	当前受教育阶段起始时间	年 月	当前受教育阶段结束时间		年 月	
	就读国家（或地区）		就读学校		子女教育终止时间 *不再受教育时填写	年 月
					本人扣除比例 □100%（全额扣除）□50%（平均扣除）	

二、继续教育

较上次报送信息是否发生变化：□首次报送（请填写全部信息）　□无变化（不需要填写）　□有变化（请填写发生变化项目的信息）

学历（学位）继续教育	当前继续教育起始时间	年 月	学历（学位）继续教育阶段	□专科 □本科 □硕士研究生 □博士研究生 □其他
	当前继续教育结束时间	年 月	本人扣除比例	□100%（全额扣除）□50%（平均扣除）
职业资格继续教育	职业资格继续教育类型	□技能人员 □专业技术人员	证书名称	
	证书编号		发证机关	发证（批准）日期

续表

三、住房贷款利息

房屋信息

较上次报送信息是否发生变化：□首次报送（请填写全部信息）　□无变化（不需重新填写）　□有变化（请填写发生变化项目的信息）

住房坐落地址	省（区、市）　　市（区）　　县（区）　　街道（乡、镇）_____
产权证号/不动产登记号/商品房买卖合同号/预售合同号	

房贷信息

本人是否借款人	□是　□否
是否婚前各自首套贷款，且婚后分别扣除50%	□是　□否
公积金贷款｜贷款期限（月）	
商业贷款｜贷款合同编号	首次还款日期
贷款期限（月）	贷款银行
	首次还款日期

四、住房租金

房屋信息

较上次报送信息是否发生变化：□首次报送（请填写全部信息）　□无变化（不需重新填写）　□有变化（请填写发生变化项目的信息）

住房坐落地址	省（区、市）　　市（区）　　县（区）　　街道（乡、镇）_____

租赁情况

出租方（个人）姓名	身份证件类型	身份证件号码 _____
出租方（单位）名称		纳税人识别号（统一社会信用代码）
主要工作城市（★填写城市一级）		住房租赁合同编号（非必填）
租赁期起		租赁期止

五、赡养老人

被赡养人一

较上次报送信息是否发生变化：□首次报送（请填写全部信息）　□无变化（不需重新填写）　□有变化（请填写发生变化项目的信息）

纳税人身份：□独生子女　□非独生子女

被赡养人一	姓名	身份证件类型	身份证件号码 _____
	出生日期	与纳税人关系	□父亲　□母亲　□其他

续表

被赡养人二	姓名		身份证件类型		身份证件号码	
	出生日期		与纳税人关系	□父亲 □母亲 □其他		
共同赡养人信息	姓名		身份证件类型		身份证件号码	
	姓名		身份证件类型		身份证件号码	
	姓名		身份证件类型		身份证件号码	
分摊方式	□平均分摊 □赡养人约定分摊 □被赡养人指定分摊					

*独生子女不需填写

六、大病医疗（仅限综合所得年度汇算清缴申报时填写）

较上次报送信息是否发生变化：□首次报送 □无变化（不需重新填写）□有变化（请填写发生变化项目的信息）

患者一	姓名		身份证件类型		身份证件号码		与纳税人关系	□本人 □配偶 □未成年子女
	医药费用总额		个人负担金额					
患者二	姓名		身份证件类型		身份证件号码		与纳税人关系	□本人 □配偶 □未成年子女
	医药费用总额		个人负担金额					

需要在任职受雇单位预扣预缴工资、薪金所得时享受专项附加扣除的，填写本栏。

扣缴义务人名称		扣缴义务人纳税人识别号（统一社会信用代码）	

重要提示：当您填写本栏，表示您已同意任职受雇单位使用本表信息为您办理专项附加扣除。

本人承诺：我已仔细阅读了填表说明，并根据《中华人民共和国个人所得税法》及其实施条例、《个人所得税专项附加扣除暂行办法》《个人所得税专项附加扣除操作办法（试行）》等相关法律法规规定填写本表。本人已就所填写的扣除信息进行了核对，并对所填内容的真实性、准确性、完整性负责。

纳税人签字：

扣缴义务人名称：
经办人签字：
填表日期： 年 月 日

代理机构签章：
代理机构统一社会信用代码：
经办人签字：
经办人身份证件号码：

受理人：
受理税务机关（章）：
受理日期： 年 月 日

国家税务总局监制

《个人所得税专项附加扣除信息表》填表说明

一、填表须知

本表根据《中华人民共和国个人所得税法》及其实施条例、《个人所得税专项附加扣除暂行办法》《个人所得税专项附加扣除操作办法（试行）》等法律法规有关规定制定。

（一）纳税人按享受的专项附加扣除情况填报对应栏次；纳税人不享受的项目，无需填报。纳税人未填报的项目，默认为不享受。

（二）较上次报送信息是否发生变化：纳税人填报本表时，对各专项附加扣除，首次报送的，在"首次报送"前的框内划"√"。继续报送本表且无变化的，在"无变化"前的框内划"√"；发生变化的，在"有变化"前的框内划"√"，并填写发生变化的扣除项目信息。

（三）身份证件号码应从左向右顶格填写，位数不满18位的，需在空白格处划"/"。

（四）如各类扣除项目的表格篇幅不够，可另附多张《个人所得税专项附加扣除信息表》。

二、适用范围

（一）本表适用于享受子女教育、继续教育、大病医疗、住房贷款利息或住房租金、赡养老人六项专项附加扣除的自然人纳税人填写。选择在工资、薪金所得预扣预缴个人所得税时享受的，纳税人填写后报送至扣缴义务人；选择在年度汇算清缴申报时享受专项附加扣除的，纳税人填写后报送至税务机关。

（二）纳税人首次填报专项附加扣除信息时，应将本人所涉及的专项附加扣除信息表内各信息项填写完整。纳税人相关信息发生变化的，应及时更新此表相关信息项，并报送至扣缴义务人或税务机关。

纳税人在以后纳税年度继续申报扣除的，应对扣除事项有无变化进行确认。

三、各栏填写说明

（一）表头项目

填报日期：纳税人填写本表时的日期。

扣除年度：填写纳税人享受专项附加扣除的所属年度。

纳税人姓名：填写自然人纳税人姓名。

纳税人识别号：纳税人有中国居民身份证的，填写公民身份号码；没有公民身份号码的，填写税务机关赋予的纳税人识别号。

（二）表内基础信息栏

纳税人信息：填写纳税人有效的手机号码、电子邮箱、联系地址。其中，手机号码为必填项。

纳税人配偶信息：纳税人有配偶的填写本栏，没有配偶的则不填。具体填写纳税人配偶的姓名、有效身份证件名称及号码。

（三）表内各栏

1. 子女教育

子女姓名、身份证件类型及号码：填写纳税人子女的姓名、有效身份证件名称及号码。

出生日期：填写纳税人子女的出生日期，具体到年月日。

当前受教育阶段：选择纳税人子女当前的受教育阶段。区分"学前教育阶段、义务教育、高中阶段教育、高等教育"四种情形，在对应框内打"√"。

当前受教育阶段起始时间：填写纳税人子女处于当前受教育阶段的起始时间，具体到年月。

当前受教育阶段结束时间：纳税人子女当前受教育阶段的结束时间或预计结束的时间，具体到年月。

子女教育终止时间：填写纳税人子女不再接受符合子女教育扣除条件的学历教育的时间，具体到年月。

就读国家（或地区）、就读学校：填写纳税人子女就读的国家或地区名称、学校名称。

本人扣除比例：选择可扣除额度的分摊比例，由本人全额扣除的，选择"100%"，分摊扣除的，选"50%"，在对应框内打"√"。

2. 继续教育

当前继续教育起始时间：填写接受当前学历（学位）继续教育的起始时间，具体到年月。

当前继续教育结束时间：填写接受当前学历（学位）继续教育的结束时间，或预计结束的时间，具体到年月。

学历（学位）继续教育阶段：区分"专科、本科、硕士研究生、博士研究生、其他"四种情形，在对应框内打"√"。

职业资格继续教育类型：区分"技能人员、专业技术人员"两种类型，在对应框内打"√"。证书名称、证书编号、发证机关、发证（批准）日期：填写纳税人取得的继续教育职业资格证书上注明的证书名称、证书编号、发证机关及发证（批准）日期。

3. 住房贷款利息

住房坐落地址：填写首套贷款房屋的详细地址，具体到楼门号。

产权证号/不动产登记号/商品房买卖合同号/预售合同号：填写首套贷款房屋的产权证、不动产登记证、商品房买卖合同或预售合同中的相应号码。如所购买住房已取得房屋产权证的，填写产权证号或不动产登记号；所购住房尚未取得房屋产权证的，填写商品房买卖合同号或预售合同号。

本人是否借款人：按实际情况选择"是"或"否"，并在对应框内打"√"。本人是借款人的情形，包括本人独立贷款、与配偶共同贷款的情形。如果选择"否"，则表头位置须填写配偶信息。

是否婚前各自首套贷款，且婚后分别扣除50%：按实际情况选择"是"或"否"，并在对应框内打"√"。该情形是指夫妻双方在婚前各有一套首套贷款住房，婚后选择按夫妻双方各50%份额扣除的情况。不填默认为"否"。

公积金贷款｜贷款合同编号：填写公积金贷款的贷款合同编号。

商业贷款｜贷款合同编号：填写与金融机构签订的住房商业贷款合同编号。

贷款期限（月）：填写住房贷款合同上注明的贷款期限，按月填写。

首次还款日期：填写住房贷款合同上注明的首次还款日期。

贷款银行：填写商业贷款的银行总行名称。

4. 住房租金

住房坐落地址：填写纳税人租赁房屋的详细地址，具体到楼门号。

出租方（个人）姓名、身份证件类型及号码：租赁房屋为个人的，填写本栏。具体填写住房租赁合同中的出租方姓名、有效身份证件名称及号码。

出租方（单位）名称、纳税人识别号（统一社会信用代码）：租赁房屋为单位所有的，填写单位法定名称全称及纳税人识别号（统一社会信用代码）。

主要工作城市：填写纳税人任职受雇的直辖市、计划单列市、副省级城市、地级市（地区、州、盟）。无任职受雇单位的，填写其办理汇算清缴地所在城市。

住房租赁合同编号（非必填）：填写签订的住房租赁合同编号。

租赁期起、租赁期止：填写纳税人住房租赁合同上注明的租赁起、止日期，具体到年月。提前终止合同（协议）的，以实际租赁期限为准。

5. 赡养老人

纳税人身份：区分"独生子女、非独生子女"两种情形，并在对应框内打"√"。

被赡养人姓名、身份证件类型及号码：填写被赡养人的姓名、有效证件名称及号码。

被赡养人出生日期：填写被赡养人的出生日期，具体到年月。

与纳税人关系：按被赡养人与纳税人的关系填报，区分"父亲、母亲、其他"三种情形，在对应框内打"√"。

共同赡养人：纳税人为非独生子女时填写本栏，独生子女无须填写。填写与纳税人实际承担共同赡养义务的人员信息，包括姓名、身份证件类型及号码。

分摊方式：纳税人为非独生子女时填写本栏，独生子女无须填写。区分"平均分摊、赡养人约定分摊、被赡养人指定分摊"三种情形，并在对应框内打"√"。

本年度月扣除金额：填写扣除年度内，按政策规定计算的纳税人每月可以享受的赡养老人专项附加扣除的金额。

6. 大病医疗

患者姓名、身份证件类型及号码：填写享受大病医疗专项附加扣除的患者姓名、有效证件名称及号码。

医药费用总金额：填写社会医疗保险管理信息系统记录的与基本医保相关的医药费用总金额。

个人负担金额：填写社会医疗保险管理信息系统记录的基本医保目录范围内扣除医保报销后的个人自付部分。

与纳税人关系：按患者与纳税人的关系填报，区分"本人、配偶或未成年子女"三种情形，在对应框内打"√"。

7. 扣缴义务人信息

纳税人选择由任职受雇单位办理专项附加扣除的填写本栏。

扣缴义务人名称、纳税人识别号（统一社会信用代码）：纳税人由扣缴义务人在工资、薪金所得预扣预缴个人所得税时办理专项附加扣除的，填写扣缴义务人名称全称及纳税人识别号或统一社会信用代码。

（四）签字（章）栏次

"声明"栏：需由纳税人签字。

"扣缴义务人签章"栏：扣缴单位向税务机关申报的，应由扣缴单位签章，办理申报的经办人签字，并填写接收专项附加扣除信息的日期。

"代理机构签章"栏：代理机构代为办理纳税申报的，应填写代理机构统一社会信用代码，加盖代理机构印章，代理申报的经办人签字，并填写经办人身份证件号码。

纳税人或扣缴义务人委托专业机构代为办理专项附加扣除的，需代理机构签章。

"受理机关"栏：由受理机关填写。

国家税务总局关于自然人纳税人识别号有关事项的公告

国家税务总局公告 2018 年第 59 号

根据新修改的《中华人民共和国个人所得税法》，为便利纳税人办理涉税业务，现就自然人纳税人识别号有关事项公告如下：

一、自然人纳税人识别号，是自然人纳税人办理各类涉税事项的唯一代码标识。

二、有中国公民身份号码的，以其中国公民身份号码作为纳税人识别号；没有中国公民身份号码的，由税务机关赋予其纳税人识别号。

三、纳税人首次办理涉税事项时，应当向税务机关或者扣缴义务人出示有效身份证件，并报送相关基础信息。

四、税务机关应当在赋予自然人纳税人识别号后告知或者通过扣缴义务人告知纳税人其纳税人识别号，并为自然人纳税人查询本人纳税人识别号提供便利。

五、自然人纳税人办理纳税申报、税款缴纳、申请退税、开具完税凭证、纳税查询等涉税事项时应当向税务机关或扣缴义务人提供纳税人识别号。

六、本公告所称"有效身份证件"，是指：

（一）纳税人为中国公民且持有有效《中华人民共和国居民身份证》（以下简称"居民身份证"）的，为居民身份证。

（二）纳税人为华侨且没有居民身份证的，为有效的《中华人民共和国护照》和华侨身份证明。

（三）纳税人为港澳居民的，为有效的《港澳居民来往内地通行证》或《中华人民共和国港澳居民居住证》。

（四）纳税人为台湾居民的，为有效的《台湾居民来往大陆通行证》或《中华人民共和国台湾居民居住证》。

（五）纳税人为持有有效《中华人民共和国外国人永久居留身份证》（以下简称永久居留证）的外籍个人的，为永久居留证和外国护照；未持有永久居留证但持有有效《中华人民共和国外国人工作许可证》（以下简称工作许可证）的，为工作许可证和外国护照；其他外籍个人，为有效的外国护照。

本公告自 2019 年 1 月 1 日起施行。

特此公告。

国家税务总局
2018 年 12 月 17 日

财政部 税务总局关于个人所得税法修改后
有关优惠政策衔接问题的通知

财税〔2018〕164 号

各省、自治区、直辖市、计划单列市财政厅（局），国家税务总局各省、自治区、直辖市、计划单列市税务局，新疆生产建设兵团财政局：

为贯彻落实修改后的《中华人民共和国个人所得税法》，现将个人所得税优惠政策衔接有关事项通知如下：

一、关于全年一次性奖金、中央企业负责人年度绩效薪金延期兑现收入和任期奖励的政策

（一）居民个人取得全年一次性奖金，符合《国家税务总局关于调整个人取得全年一次性奖金等计算征收个人所得税方法问题的通知》（国税发〔2005〕9 号）规定的，在 2021 年 12 月 31 日前，不并入当年综合所得，以全年一次性奖金收入除以 12 个月得到的数额，按照本通知所附按月换算后的综合所得税率表（以下简称月度税率表），确定适用税率和速算扣除数，单独计算纳税。计算公式为：

应纳税额 = 全年一次性奖金收入 × 适用税率 − 速算扣除数

居民个人取得全年一次性奖金，也可以选择并入当年综合所得计算纳税。

自 2022 年 1 月 1 日起，居民个人取得全年一次性奖金，应并入当年综合所得计算缴纳个人所得税。

（二）中央企业负责人取得年度绩效薪金延期兑现收入和任期奖励，符合《国家税务总局关于中央企业负责人年度绩效薪金延期兑现收入和任期奖励征收个人所得税问题的通知》（国税发〔2007〕118 号）规定的，在 2021 年 12 月 31 日前，参照本通知第一条第（一）项执行；2022 年 1 月 1 日之后的政策另行明确。

二、关于上市公司股权激励的政策

（一）居民个人取得股票期权、股票增值权、限制性股票、股权奖励等股权激励（以下简称股权激励），符合《财政部 国家税务总局关于个人股票期权所得征收个人所得税问题的通知》（财税〔2005〕35 号）、《财政部　国家税务总局关于股票增值权所得和限制性股票所得征收个人所得税有关问题的通知》（财税〔2009〕5 号）、《财政部 国家税务总局关于将国家自主创新示范区有关税收试点政策推广到全国范围实施的通知》（财税〔2015〕116 号）第四条、《财政部　国家税务总局关于完善股权激励和技术入股有关所得税政策的通知》（财税〔2016〕101 号）

第四条第（一）项规定的相关条件的，在 2021 年 12 月 31 日前，不并入当年综合所得，全额单独适用综合所得税率表，计算纳税。计算公式为：

应纳税额 = 股权激励收入 × 适用税率 − 速算扣除数

（二）居民个人一个纳税年度内取得两次以上（含两次）股权激励的，应合并按本通知第二条第（一）项规定计算纳税。

（三）2022 年 1 月 1 日之后的股权激励政策另行明确。

三、关于保险营销员、证券经纪人佣金收入的政策

保险营销员、证券经纪人取得的佣金收入，属于劳务报酬所得，以不含增值税的收入减除 20% 的费用后的余额为收入额，收入额减去展业成本以及附加税费后，并入当年综合所得，计算缴纳个人所得税。保险营销员、证券经纪人展业成本按照收入额的 25% 计算。

扣缴义务人向保险营销员、证券经纪人支付佣金收入时，应按照《个人所得税扣缴申报管理办法（试行）》（国家税务总局公告 2018 年第 61 号）规定的累计预扣法计算预扣税款。

四、关于个人领取企业年金、职业年金的政策

个人达到国家规定的退休年龄，领取的企业年金、职业年金，符合《财政部 人力资源社会保障部 国家税务总局关于企业年金 职业年金个人所得税有关问题的通知》（财税〔2013〕103 号）规定的，不并入综合所得，全额单独计算应纳税款。其中按月领取的，适用月度税率表计算纳税；按季领取的，平均分摊计入各月，按每月领取额适用月度税率表计算纳税；按年领取的，适用综合所得税率表计算纳税。

个人因出境定居而一次性领取的年金个人账户资金，或个人死亡后，其指定的受益人或法定继承人一次性领取的年金个人账户余额，适用综合所得税率表计算纳税。对个人除上述特殊原因外一次性领取年金个人账户资金或余额的，适用月度税率表计算纳税。

五、关于解除劳动关系、提前退休、内部退养的一次性补偿收入的政策

（一）个人与用人单位解除劳动关系取得一次性补偿收入（包括用人单位发放的经济补偿金、生活补助费和其他补助费），在当地上年职工平均工资 3 倍数额以内的部分，免征个人所得税；超过 3 倍数额的部分，不并入当年综合所得，单独适用综合所得税率表，计算纳税。

（二）个人办理提前退休手续而取得的一次性补贴收入，应按照办理提前退休手续至法定离退休年龄之间实际年度数平均分摊，确定适用税率和速算扣除数，单独适用综合所得税率表，计算纳税。计算公式：

应纳税额 = ｛〔（一次性补贴收入 ÷ 办理提前退休手续至法定退休年龄的实际

年度数）－费用扣除标准］×适用税率－速算扣除数⎬×办理提前退休手续至法定退休年龄的实际年度数

（三）个人办理内部退养手续而取得的一次性补贴收入，按照《国家税务总局关于个人所得税有关政策问题的通知》（国税发〔1999〕58 号）规定计算纳税。

六、关于单位低价向职工售房的政策

单位按低于购置或建造成本价格出售住房给职工，职工因此而少支出的差价部分，符合《财政部　国家税务总局关于单位低价向职工售房有关个人所得税问题的通知》（财税〔2007〕13 号）第二条规定的，不并入当年综合所得，以差价收入除以 12 个月得到的数额，按照月度税率表确定适用税率和速算扣除数，单独计算纳税。计算公式为：

应纳税额＝职工实际支付的购房价款低于该房屋的购置或建造成本价格的差额×适用税率－速算扣除数

七、关于外籍个人有关津补贴的政策

（一）2019 年 1 月 1 日至 2021 年 12 月 31 日期间，外籍个人符合居民个人条件的，可以选择享受个人所得税专项附加扣除，也可以选择按照《财政部　国家税务总局关于个人所得税若干政策问题的通知》（财税〔1994〕20 号）、《国家税务总局关于外籍个人取得有关补贴征免个人所得税执行问题的通知》（国税发〔1997〕54 号）和《财政部　国家税务总局关于外籍个人取得港澳地区住房等补贴征免个人所得税的通知》（财税〔2004〕29 号）规定，享受住房补贴、语言训练费、子女教育费等津补贴免税优惠政策，但不得同时享受。外籍个人一经选择，在一个纳税年度内不得变更。

（二）自 2022 年 1 月 1 日起，外籍个人不再享受住房补贴、语言训练费、子女教育费津补贴免税优惠政策，应按规定享受专项附加扣除。

八、除上述衔接事项外，其他个人所得税优惠政策继续按照原文件规定执行。

九、本通知自 2019 年 1 月 1 日起执行。下列文件或文件条款同时废止：

（一）《财政部　国家税务总局关于个人与用人单位解除劳动关系取得的一次性补偿收入征免个人所得税问题的通知》（财税〔2001〕157 号）第一条；

（二）《财政部　国家税务总局关于个人股票期权所得征收个人所得税问题的通知》（财税〔2005〕35 号）第四条第（一）项；

（三）《财政部　国家税务总局关于单位低价向职工售房有关个人所得税问题的通知》（财税〔2007〕13 号）第三条；

（四）《财政部 人力资源社会保障部 国家税务总局关于企业年金职业年金个人所得税有关问题的通知》（财税〔2013〕103 号）第三条第 1 项和第 3 项；

　　（五）《国家税务总局关于个人认购股票等有价证券而从雇主取得折扣或补贴收入有关征收个人所得税问题的通知》（国税发〔1998〕9号）；

　　（六）《国家税务总局关于保险企业营销员（非雇员）取得的收入计征个人所得税问题的通知》（国税发〔1998〕13号）；

　　（七）《国家税务总局关于个人因解除劳动合同取得经济补偿金征收个人所得税问题的通知》（国税发〔1999〕178号）；

　　（八）《国家税务总局关于国有企业职工因解除劳动合同取得一次性补偿收入征免个人所得税问题的通知》（国税发〔2000〕77号）；

　　（九）《国家税务总局关于调整个人取得全年一次性奖金等计算征收个人所得税方法问题的通知》（国税发〔2005〕9号）第二条；

　　（十）《国家税务总局关于保险营销员取得佣金收入征免个人所得税问题的通知》（国税函〔2006〕454号）；

　　（十一）《国家税务总局关于个人股票期权所得缴纳个人所得税有关问题的补充通知》（国税函〔2006〕902号）第七条、第八条；

　　（十二）《国家税务总局关于中央企业负责人年度绩效薪金延期兑现收入和任期奖励征收个人所得税问题的通知》（国税发〔2007〕118号）第一条；

　　（十三）《国家税务总局关于个人提前退休取得补贴收入个人所得税问题的公告》（国家税务总局公告2011年第6号）第二条；

　　（十四）《国家税务总局关于证券经纪人佣金收入征收个人所得税问题的公告》（国家税务总局公告2012年第45号）。

　　附件：按月换算后的综合所得税率表

财政部　税务总局
2018年12月27日

按月换算后的综合所得税率表

级数	全月应纳税所得额	税率（%）	速算扣除数
1	不超过3000元的	3	0
2	超过3000元至12000元的部分	10	210
3	超过12000元至25000元的部分	20	1410
4	超过25000元至35000元的部分	25	2660
5	超过35000元至55000元的部分	30	4410
6	超过55000元至80000元的部分	35	7160
7	超过80000元的部分	45	15160

国家税务总局关于个人所得税自行纳税申报有关问题的公告

国家税务总局公告 2018 年第 62 号

根据新修改的《中华人民共和国个人所得税法》及其实施条例，现就个人所得税自行纳税申报有关问题公告如下：

一、取得综合所得需要办理汇算清缴的纳税申报

取得综合所得且符合下列情形之一的纳税人，应当依法办理汇算清缴：

（一）从两处以上取得综合所得，且综合所得年收入额减除专项扣除后的余额超过 6 万元；

（二）取得劳务报酬所得、稿酬所得、特许权使用费所得中一项或者多项所得，且综合所得年收入额减除专项扣除的余额超过 6 万元；

（三）纳税年度内预缴税额低于应纳税额；

（四）纳税人申请退税。

需要办理汇算清缴的纳税人，应当在取得所得的次年 3 月 1 日至 6 月 30 日内，向任职、受雇单位所在地主管税务机关办理纳税申报，并报送《个人所得税年度自行纳税申报表》。纳税人有两处以上任职、受雇单位的，选择向其中一处任职、受雇单位所在地主管税务机关办理纳税申报；纳税人没有任职、受雇单位的，向户籍所在地或经常居住地主管税务机关办理纳税申报。

纳税人办理综合所得汇算清缴，应当准备与收入、专项扣除、专项附加扣除、依法确定的其他扣除、捐赠、享受税收优惠等相关的资料，并按规定留存备查或报送。

纳税人取得综合所得办理汇算清缴的具体办法，另行公告。

二、取得经营所得的纳税申报

个体工商户业主、个人独资企业投资者、合伙企业个人合伙人、承包承租经营者个人以及其他从事生产、经营活动的个人取得经营所得，包括以下情形：

（一）个体工商户从事生产、经营活动取得的所得，个人独资企业投资人、合伙企业的个人合伙人来源于境内注册的个人独资企业、合伙企业生产、经营的所得；

（二）个人依法从事办学、医疗、咨询以及其他有偿服务活动取得的所得；